24.-19.95

2,-

900

400

Martin Beheim-Schwarzbach

Die Insel Matupi

Martin
Beheim-Schwarzbach

Die Insel Matupi

Geschichte einer Kindheit

Jan Thorbecke Verlag Sigmaringen

Martin Beheim-Schwarzbach, Gesammelte Schriften.
Herausgegeben von Volker Michels

CIP-Kurztitelaufnahme der Deutschen Bibliothek

Beheim-Schwarzbach, Martin:
Gesammelte Schriften / Martin Beheim-Schwarzbach. Hrsg. von Volker Michels. – Sigmaringen: Thorbecke

NE: Beheim-Schwarzbach, Martin: [Sammlung]

Beheim-Schwarzbach, Martin: Die Insel Matupi. – Ausg. letzter Hand, neu durchges. vom Autor. – 1985

Beheim-Schwarzbach, Martin:
Die Insel Matupi: Geschichte e. Kindheit / Martin Beheim-Schwarzbach. – Ausg. letzter Hand, neu durchges. vom Autor. – Sigmaringen: Thorbecke, 1985.
(Gesammelte Schriften / Martin Beheim-Schwarzbach)
ISBN 3-7995-1658-1

Ausgabe letzter Hand
neu durchgesehen vom Autor vor seinem Tod im Mai 1985. Die Erstausgabe erschien 1955 im Paul List Verlag, München

Gesamtherstellung: M. Liehners Hofbuchdruckerei GmbH & Co., Sigmaringen
Printed in Germany · ISBN 3-7995-1658-1

Inhalt

Abbruch eines alten Hauses

Den ersten Anstoß zum Schweifen durch das Dämmer der Kindheit gab ein Besuch im alten Hause, demselben, das ich mir angewöhnt hatte, »Matupi« zu nennen. Es war an einem der Tage, als es umgebaut, aber das bedeutete für mich: als es abgebrochen und zerstört wurde. Daß es mit der Kindheit, nachdem sie längst verwelkt ist, immer aufs neue zu Ende gehen kann, und dies manchmal unmerklich, aber manchmal auch mit einer schroffen Gebärde grausamer Endgültigkeit, obwohl sie nach dem Verlöschen oft noch abermals das Haupt erhebt, aus nebelhaften Stützpunkten der Erinnerung auftauchend, neuen schönen Umtrieben und wirren Zusammenbrüchen entgegen – das alles lehrt der Abbruch eines alten Hauses.

Ein halbes Jahrhundert ist für ein Haus nicht sehr viel, und die, die vor mir dort ihre Kindheit verbracht haben, mögen mit noch viel wehmütigerer Bewegung vor den Trümmern, Staubhaufen und Gips- und Kalkbergen stehengeblieben sein und die Träume heraufbeschworen haben, in denen sie dort die ersten Geheimnisse des Lebens erfuhren. Aber das besänftigte meinen Kummer, ja meinen stillen und hartnäckigen Zorn nicht, der mich überkam, als ich die Fortschritte der barbarischen Maßnahmen verfolgte, die im Namen der Rentabilität dort im Hause Matupi vorgenommen wurden und ein Mord an Erinnerungen und also an Kraftquellen waren – den meinen.

Die Umbau-, Erneuerungs- und Änderungssucht, die in unserem Land herrscht – ob sie sich nun an Fahnen, Hymnen, Straßennamen, Fahrplänen oder Vorschriften betätigt –, hat manchem Herzen schon manchen Stoß gegeben. Meistens ist kaum ein anderer Grund als irgendein Groll dabei im Spiel, und deshalb ist auch kein Segen daran. Es gibt glücklichere und weisere Länder, die nicht nach jeder Niederlage ihre Symbole, nach jedem Umsturz ihre Straßenschilder, nach jedem lumpigen Jahrzehnt ihre Verfassung umändern, und man darf vermuten, dort müßten auch Kindheitserinnerungen in besserer Hut sein und ihre Kraftquellen stetiger fließen.

Als ich begriffen hatte, daß es mit dem Umbau des Hauses am Mittelweg ernst wurde, kam es wie eine Wollust des Schmerzes über mich, so daß ich handelte wie einer, der nicht aufhören kann, mit der Zunge immer wieder nach dem Zahnnerv zu fühlen, um sich des Unglaublichen immer erneut zu vergewissern. Er tut es, weil der Schmerz ihn mahnt: Erprobe mich, stoß mich an, denn es ist unglaubhaft, daß es mich gibt, vergewissere dich abermals – vielleicht stellt sich heraus, daß ich nicht bin.

An jenem Haus ging ich täglich vorbei, obwohl ich einen Umweg zu machen hatte, und tat es mit der Besorgnis, daß meine ältesten, ehrwürdigsten Erfahrungen geschändet und zerstört würden. Das Haus stand mehr als ein halbes Jahrhundert und hätte noch gut und gern ein weiteres halbes gestanden, das hätte es mit Leichtigkeit geschafft, wie denn nicht? Jetzt, wo seine Eingeweide bloßlagen, sah man, wie unverwüstlich die dicken Mauern gefügt waren. So baut man heute nicht mehr.

Ich war schon, bevor ich in die Fremde ging, oft an dem Haus namens Matupi vorübergegangen und hatte befriedigt gewahrt, wie seine Front grauer, sein Putz rissiger, seine Miene verschlossener, gedankenbeladener, aber auch gütiger wurde – kurz, wie es an Ernst und Weisheit gewann, daß es mich schier beschämte. Nun, wo ich wiederkam, starrten seine Fenster in Leere und Schwärze, denn es war wegen des bevorstehenden Umbaus, der einem Abriß gleichen mußte, schon lange verödet. Das Zimmer, in dem meine Mutter gestorben war, mochte Eulen und Fledermäuse beherbergen; und wäre dies wirklich der Fall gewesen, ich hätte Freude daran gehabt, diese Geschöpfe sind nicht ohne Grund an ehrwürdig-verfallenen Stätten heimisch. Schon räumlich trat das ganze Haus aus der schnurgeraden Straßenzeile der Nachbarn zurück mit dem Entschluß, ungeschoren zu bleiben. Daran hatte auch das Schild des Maklers nichts geändert, das vorn im Gärtchen stand und schon seit längerem um ganze oder geteilte Vermietung geworben hatte.

Dieses Haus Matupi, welchen Namen aber niemand kannte als ich, mochte offenkundig niemand bewohnen. Kein Wunder, es hatte immer darin gespukt, und wenn das auch nicht bekannt war, so ließ es sich doch ahnen. Außerdem wollen die Leute immer etwas Umgeändertes und neu Angestrichenes ohne störende Atmosphäre und Tradition.

Oft hatte ich mir vorgenommen, einmal eine Stunde Zeit zu erübrigen und dort einen gefühlvollen Rundgang zu machen, um dem Zimmer meine Reverenz zu erweisen, in dem ich das wächserne Antlitz meiner Mutter zum letzten Mal erblickt, oder dem andern, worin ich so viele Nächte wachgelegen und das Fürchten gelernt hatte. Da war das Spielzimmer, wo ich mir einmal durch einen tolpatschigen Griff die Hand auf einen Nagel gespießt hatte; der Balkon, auf dem ich manches Mal zur Strafe ausgesperrt worden war; der Salon mit der Ecke, die dem Weihnachtsbaum gehört hatte, und ihm gegenüber das Schlüsselloch, durch das ich einmal vorzeitig ihn und den Gabentisch erspäht hatte; das Ausgußbecken in der Küche, in dem man Schiffchen schwimmen lassen konnte; die Spülleitung in dem kleinsten Kämmerlein, die ich oft zu ziehen unterließ, weil das allzu heftige Wasserrauschen mich grauste – diese und viele andere Sachen wollte ich mir nach all den Jahrzehnten wieder ansehen, an ihnen wollte ich Geheimnisse heraufbeschwören, die mein verworrenes Leben unter seiner Oberfläche leise summend begleitet hatten.

Aber ich hatte das Eindringen, das von einem dummen Besichtigungsschein des Maklers abhing, wie alles und jedes heute von irgendwelchen Scheinen, Ausweisen, Genehmigungen abhängt, immer wieder verschoben – lief mir doch das Haus nicht weg. Und wenn weiter Jahr um Jahr verrann, bis ich sein Inneres wiedersah, so würde es gewiß nur immer noch ehrwürdiger und liebenswerter werden.

Dann aber lief es eines Tages doch weg. Es wurde von umbaubeflissenen Händen gepackt, und es kam der Tag, an dem es mit den Eingriffen ernst wurde. Das war ein bitterer Tag, und die Zigarre wollte mir an ihm nicht schmecken. Es sollten, so stand auf dem Maklerschild zu lesen, aus dem Erdgeschoß und den zwei oberen Stockwerken drei moderne Wohnungen gemacht werden mit drei Zimmern, Küche und Bad, jede für sich abgeteilt, und die mittlere sei schon vermietet. Das war nicht einmal einer jener Tricks von Händlern, die ihre Ware an den Mann bringen wollen, sondern Wohnungen waren jetzt höchst begehrt, die Mieter würden nicht auf sich warten lassen. Sie waren schon jetzt meiner Mißgunst und Ungnade sicher. Mir aber war es nicht gegeben, einer von ihnen zu sein, denn es gebrach mir an Zechinen und Dukaten.

Was, so fragte ich mich, wird nach diesen wüsten Manipulationen, die das Schild ankündigt, von dem Eigenleben und der Atmosphäre des Hauses denn noch bleiben? Nichts. Wenn ich den Umbau hätte verhindern können, ich hätte mich's etwas kosten lassen. Ich kann die Leute gut verstehen, die nach Amerika auswandern und als Millionäre zurückkommen, um vor allem das alte Haus ihrer Kindheit für ein Ei und ein Butterbrot – denn Millionäre bekommen alles billig – zu kaufen und seine Ermordung zu verhindern. Sie wollen, wenn das Alter kommt, sich darein verkriechen können, um die beiden Pole ihres Lebens, den Anfang und das Ende, noch einmal zusammenzuknüpfen, die Verbindung zwischen den vielleicht einzigen Gewißheiten ihres schwankenden Daseins herzustellen, damit doch irgend etwas zusammengefügt, verbunden und einig bleibe.

Das möchte auch ich. Als ich die Arbeiter ein- und ausgehen sah mit Körben hochgeschichteter Mauerstücke und Kalkhaufen auf dem Rücken, durchging mich Schrecken. Mit dem Bewußtsein, daß es schon zu spät war, zwängte ich mich durch die offene Haustür hinein. Welche Trübsal geht von den chaotisierten Bestandteilen eines Hauses aus, das man abreißt, von dem Kalkstaub und dem Gips, den Holzsplittern und den Strohfetzen; fast könnten sie mit blutverschmierten und halbverwesten Leichen wetteifern, und keine Worte vermögen die Scheußlichkeit eines Zustandes zu schildern, in den ganze Städte versetzt werden, wenn Dämonen der Luft ihren Häusern die Eingeweide gewaltsam bloßlegen. Aber der Anblick des einzelnen Kameraden, der verstümmelt oder gar noch atmend und stöhnend auf der Bahre liegt, greift uns noch grimmiger ans Herz als ein ganzes Schlachtfeld von Gefallenen.

Man achtete meiner nicht. Ich mochte für einen der Mieter hingehen, der ein Auge auf sein künftiges Asyl haben wollte. Unbefangenheit ist alles. Ich setzte eine sachlich prüfende Miene auf und ließ meine Blicke wandern. Vor Kalkstaub war kaum etwas zu sehen, auch atmete man ihn ein und kämpfte mit Hustenreiz und Ekel. Die Arbeiter, die mit ihren Lasten an mir vorbeischlurften, die Hosenbeine unterm Knie mit Bindfaden zusammengebunden, hätten mich warnen sollen, denn fast wäre ich, wie es einem Unbefugten zukam, in den Keller gestürzt. Die Treppe dorthin war entfernt und durch eine Leiter ersetzt. Auch die Treppe nach oben fehlte, das Treppenhaus hatte kein Gerippe mehr, war ausgehöhlt. Entblößte Mauerkanten, zerfetzte Tapeten, Spuren von Stroh hinterm Putz, Ansätze von Pappwänden, aufgerissene Dielen und immer wieder Berge von Kalk und Putzschutt. Am meisten schmerzte mich das Fehlen der Treppe, denn in die oberen Räume zu gelangen, trieb es mich am sehnlichsten, sie waren die der Kinder, die meinen gewesen. Unten hatte es nur Scheu vor dem Treiben der Großen gegeben, außer wiederum ganz in der Tiefe, beim Gesinde, aber auch dorthin konnte man ja nicht gelangen.

Doch im Erdgeschoß verweilte ich lange im Reiche des großen alten Häuptlings von Matupi, im väterlichen Arbeitszimmer, und sah die Nische wieder, wo der mächtige, ernste Schreibtisch aus Eiche gestanden hatte, und dann das, was noch unverändert da war, aber wohl auch fallen würde, den hellbraunen Kachelofen, der mit seiner kopfgroßen Schnörkelrosette an die Decke stieß, und die Holztäfelung mit ihren gestuften Karrees. Von dem Raume daneben gewann ich überhaupt keine Vorstellung mehr, die etwas mit der alten Wirklichkeit zu tun gehabt hätte. Er hatte als Salon gedient und war uns Zwergen fast gar nicht zugänglich gewesen, unbetretbar, tabu, ein Geheimfach aus Moiré und Seide, Ebenholz und Porzellan, Tüll und Politur.

Alles war damals stattlich, hoch und weit gewesen, man hatte sich verloren in diesem Festsaal unter gravitätischen Verwandten und Gästen, von denen einer sogar eine Unzahl von Orden und den Titel Exzellenz getragen hatte, zwischen geschweiften Möbeln, auf tiefweichen Teppichen. Und nun? Leer war alles, aber vor allem unfaßlich klein. Man konnte mit acht Schritten von einer Wand zur andern gelangen. Macht so viel das Wachstum eines Beinpaares von einem halben zu einem ganzen Meter aus? Ist Hexerei und Gaukelei im Spiel, ein Gefopp unserer Proportionen und unserer Sicht auf das Leben?

Dies war der Abschluß der Kindheit, derselben, die schon so oft zu Ende gegangen war. Hier, beim Umbau des alten Hauses, starb sie noch einmal, hauchte sie endgültig ihre Seele aus. Selbst der Feuersturm, der ganze Stadtteile in Schutt gelegt, hatte den Segen nicht ganz aus dem gnädig vor der völligen Vernichtung bewahrten Gebilde vertreiben können; aber jetzt stellte sich heraus, daß ein einig gefügter, der lebendigen Dauer geweihter Organismus, den das ebenmäßige Gesumm von Jahrzehnten erfüllt hat, sich nicht in Zellen zerschneiden läßt, in denen die Laren unverdrossen weiternisten.

Sie waren fort, ich spürte es wohl. Sie waren so verdrießlich ins Nichts geflohen, wie mir zumute war, als ich am Fuße der fehlenden Treppe stand und Trauer Macht über mich gewinnen fühlte. Ich wünschte mir plötzlich, ich hätte einstmals in irgendeinen Winkel ein Zeichen gekratzt, einen Buchstaben oder zwei, eine Fratze, ein Herz oder sonst ein Symbol, wie es die Liebenden in den Baum schneiden, unter dem sie eine selige Stunde verbrachten. Aber ich habe damals nicht an so etwas gedacht – welches Kind, und sei es das weiseste, täte das wohl? Dabei kratzen und kritzeln sie überallhin – doch nicht, um sich später wie an einen Haltegriff daran zu klammern.

Aber was denn, hatte ich es nicht doch getan? Hatte ich das kleine Gestammel so völlig vergessen, daß es erst jetzt vor meinem Sinn auftauchte? Und nun kam die Erinnerung sogar doppelt, und zweimal sah ich meine Kinderhand eine Wand beschmieren mit der Absicht zu zaubern, da gibt es nichts zu beschönigen. Das eine Mal hatte ich in eine ganz verborgene Ecke des Schlafzimmers die Anfangsbuchstaben Hannas, der kleinen Freundin und Halbschwester, die »der Löwe« genannt wurde, in Not und Sehnsucht hingemalt, die Zunge zwischen den Lippen, emsig in Schönheit und Schnörkelung und mit dem Gefühl, es geschehe etwas Einschneidendes und Bindendes. Aber dieses magische Signum konnte natürlich nicht mehr bestehen, eine Tapete ist keine Burgmauer.

Dann war da aber noch eine andere schwarzmagische Handlung gewesen, deutlich fiel mir's jetzt ein. Sie lag viel früher zurück, es war lange bevor ich richtige Buchstaben malen konnte, aber das Aussehen eines großen G hatte ich mir zeigen lassen und mir gemerkt, um damit Freund Gikikei zu beschwören. Ihn hatte ich herbeizaubern und bannen wollen, weil er mir nach einem Streit für mehrere Tage verlorengegangen war. Und diese ernste Maßnahme hatte nicht auf einer Tapete stattgefunden, sondern drunten im Kohlenkeller an der schwarzen Mauer, unmittelbar neben der Tür. Ich hatte mir mit einem alten Küchenmesser viel Mühe gegeben, tief zu graben, damit der stumme Bannruf nachhaltiger würde.

Ich kletterte nun doch die Leiter hinunter, als gerade niemand hersah, und tappte durch den Keller. Dann ließ ich, dicht vorm Kohlenverschlag, das Licht meines Feuerzeuges aufflammen und spürte für einen winzigen Augenblick die Nähe einer ungeheuren Gefahr, denn in Bergwerken, wo alles vom Kohlenstaub erfüllt ist, gibt es Staubexplosionen; aber das huschte nur flüchtig vorüber, denn da sah ich es schon wirklich, das G, eine fast handgroße unbeholfene Sechs mit einem Schnörkel daran, es mochte ganz gut als ein G gelten. Es war noch da, die Jahrzehnte hatten es stehengelassen, es hatte niemanden geärgert und zum Wegwischen genötigt, keiner hatte ihm Beachtung geschenkt, es hatte vor sich hingeträumt und grüßte mich nun aus sagenhafter Ferne, bekundend, kaum vorstellbar, daß es in dieser Ferne einmal eine Wirklichkeit gegeben hatte.

Das sind Betrachtungen, die einem, der sich sein Leben lang unangetasteten Besitzes und Wohnraums erfreut, überspannt vorkommen mögen. Wer im Hause der Väter geboren wird und altert, dem sind die Beweise von der Wirklichkeit sagenhafter Ferne etwas Selbstverständliches, und sich solche zu konstruieren scheint ihm närrisch. Aber wer heimatlos und von den Winden der Zeit umhergewirbelt wurde, greift gierig nach jedem Zeichen, mit dem das Einst ihm ins Jetzt zunickt.

Mein Freund Gikikei

Ich hatte also einen Freund, der den Namen Gikikei trug. Der ihm diesen Namen gegeben hatte, war ein mächtiger Mann: die Macht der Namengebung war ihm verliehen, und er übte sie aus, rief jene hintergründige Gestalt, die bis dahin weder Leben noch Form gehabt hatte, mit drei Silben an, aus dem Nichts hervor, und fortan war's jemand, ein Freund mit Namen Gikikei.

Wie du sie nennst, so sollen sie heißen, hatte der Herrgott zu Adam gesagt, als er ihm die Tiere zeigte, und künftig hießen sie so, wie Adam sie nannte, es war die erste souveräne Tat des Menschen gewesen. So auch die meine. Ich rief ihn ins Dasein, und fortan gab es ihn; ich gab ihm den Namen, und fortan hatte er ihn. Sein Name war nicht einfach Gikikei, sondern ausdrücklich »mein Freund Gikikei«, worauf sowohl er wie ich großen Wert legten. »Hat mein Freund Gikikei getan«, erläuterte ich, wenn etwas anbrannte, und nahm danach die fällige Strafe für ihn mannhaft auf mich. Wer er war? Es ist schwer, das ohne Umschweife zu sagen, zumal wenn man so stur ist, es genau und mit Beweisen erklärt bekommen zu wollen. Ich muß den Meinen von damals, so begriffsstutzig sie im ganzen auch waren, das Zeugnis ausstellen, daß sie keine besonderen Schwierigkeiten machten. Vielleicht hatten sie zuerst gestutzt, als ihnen mein Freund Gikikei aus heiterem Himmel vorgestellt wurde. Man möchte immer gern wissen, mit wem man es, namentlich im engsten Familienkreise, zu tun hat. Doch der Eifer und noch mehr die Unbeirrtheit, mit der ich ihnen den Freund nahebrachte, muß sie überzeugt haben. Vermutlich hielten sie einen Familienrat ab, was es mit dem Neuen auf sich hätte, und beschlossen, ihn vorderhand in ihrer Mitte zu dulden, sofern er keinen Unfug stiftete. Jedenfalls übten sie mir gegenüber die Nachsicht, Gikikei als vorhanden anzunehmen. Dann und wann, wenn es angebracht schien, wurde seiner sogar Erwähnung getan, wurde er in Lob oder Tadel einbezogen, bald taktvoll verhüllt, wie man auf eine delikate Verbindung anspielt, bald ohne Blatt vorm Munde, in Zorn und Hohn: »Du mit deinem Gikikei! Bald haben wir ihn satt, bestell's ihm nur!«

Ich bestellte ihm dann das Nötige. Das Eigentümliche und Schöne an ihm war, daß nur ich allein mit ihm umgehen konnte. Er war mein Besitz und wollte von keinem sonst etwas wissen. Nicht, daß wir eine Geheimsprache miteinander hatten, wir beredeten uns in gewöhnlichem Umgangsdeutsch, aber es war ein magischer Kreis um uns gezogen, über den niemand hinzutreten konnte, und redete er auch mit Engelszungen – Freund Gikikei blieb ihm taub.

Hin und wieder versuchte es eins der Geschwister und täuschte eine vertrauliche Zwiesprache mit Gikikei vor zu dem einzigen Zweck, mir mein Geheimnis zu entreißen, den Umgang mit Gikikei preiszugeben und mich damit an meinem Lebensnerv zu treffen. Anfangs litt ich darunter und setzte mich wütend zur Wehr. Gottlob entdeckte ich aber, daß Gikikei zu mir hielt und sich auf nichts einließ. Ich vergalt es ihm mit zärtlicher Freundschaft.

Wie er aussah? Er hatte den Vorteil, Gestalt und Antlitz, ebenso wie seine Stimme, ja seine Gedankengänge beliebig nach meinen Wünschen wechseln zu können. Ich schuf ihn nach meinem Ideal. Ursprünglich hatte ich ihn wohl nach meinem Ebenbilde erschaffen, doch das befriedigte mich auf die Dauer nicht. Meine Vorstellungen von Schönheit, Kraft und Anmut kamen und gingen, und mit ihnen schlüpfte Gikikei in verschiedene Hüllen. Im Kern blieb er dabei unwandelbar und zuverlässig derselbe. Verläßlichkeit und Treue waren seine Haupteigenschaften, ich konnte auf ihn Häuser bauen.

Wenn mich meine Erinnerung nicht trügt und so weit zurückreicht, begann es damit, daß er einmal meine Schuld übernahm. Das will sagen: ich schob sie ihm zu. Ich verteidigte mich gegen die Anklage, mir die Füße nicht abgetreten zu haben, was sehr strafbar war, mit dem Hinweis, nicht ich, sondern mein Freund Gikikei sei es gewesen. In dieser Sekunde waren spontan und visionär seine Figur und gleich sein Name dazu aus dem Nichts geboren. Fortan gab es ihn, und er hatte es von dem Augenblicke an, wo eine Untat ans Licht kam, tatsächlich getan. Er griff als rettender Engel ein, wenn es zum Schlimmsten kam. So rettete er mir mehrfach das Leben und wurde von Mal zu Mal eine deutlichere Wirklichkeit in meinem Dasein; ja, als Wirklichkeit übertraf er mehreres andere, Personen wie Spielzeug. Wenn Vernichtung drohte, hatte ich ein Recht darauf, mich gegen sie zu sträuben; Gikikei kam mir dabei zu Hilfe, und ich hieß ihn freudigen Herzens willkommen.

Ich lasse nicht unerwähnt, daß ich Geschwister oder Gefährten nie belastete, sei es aus Edelmut oder weil ich einen Begriff davon hatte, daß sie sich überzeugend wehren würden. Gikikei aber bot sich freiwillig an, und die Formel »War ich nicht, war mein Freund Gikikei«, die er mir eingab, muß eine Zeitlang eine stehende Redensart gewesen sein. Vor Strafe schützte sie zwar nicht, doch war dies nicht das Wesentliche. Wenn es edelmütig von Gikikei war, meine Schuld auf sich zu nehmen und vernichtet zu werden – Schuldigsein war gleichbedeutend mit Vernichtetwerden –, so bestand mein nicht minder edelmütiger Gegendienst darin, die Strafe alsdann für ihn auf mich zu nehmen. Es war eine gegenseitige Erziehung zu unermeßlichem Edelmut, an dem man ermessen mag, welche Rolle der Freund in meiner Entwicklung spielte.

Ein Nutzen dieser Freundschaft bestand auch darin, daß wir zusammen Sprechübungen machten. Er hatte mit manchen Wörtern Not, die ich bereits in zartestem Alter wußte, besonders was die Betonung anging, und indem ich sie ihm einexerzierte, befestigten sie sich auch in mir selber, ganz abgesehen von der Freude, die wir an der pädagogischen Leistung hatten. »Heideröschen«, spracn ich ihm scharf akzentuiert vor, seine Betonungsfehler, mit denen er mir nachsprach, unermüdlich verbessernd. »Aal in Schelee! Puppentheater! Rossbihf!« Wie weit meine eigene Aussprache einwandfrei war, kann ich nicht mehr beurteilen, die Anschauungen über so vieles ändern sich ja mit der Zeit. Ich trieb mit ihm auch Zungenreden, dasselbe, welches ich im Verein mit Hanna zu hoher Vollendung ausbildete, wovon die Rede noch sein wird. Es scheint, daß ich, im Umgang mit anderen mundfaul bis zur Schrulligkeit, im Umgang mit Gikikei munter und beredt war, wofür die Erklärung auf der Hand liegt: wir verstanden einander.

Wenn ich nicht irre, war es Freund Gikikei, der mich häufig und eindringlich vor meiner Neigung, fortwährend Zuckerstücke zu mir zu stecken, warnte, da er gehört hatte, daß es eine Zuckerkrankheit gebe, die zum Tode führe. Ich schlug seine Warnungen ebenso häufig in den Wind, wie ich sie befolgte. Sucht und Furcht hielten sich die Waage.

Manchmal, wenn ich etwas verloren hatte und rasend vor Zorn es suchte, verriet Gikikei mir auch, wohin ich es verlegt hatte: Taschentuch, Kompaß, Radiergummi, Zuckerstück, Kastanie, Bleistiftstummel oder was auch immer. Ich trug sehr viel in den Taschen. Ich verlegte und verlor Unmengen von Sachen; später, als Gikikei in meinem Leben verblaßt war, nahm ich dann gewöhnlich meine Zuflucht zum Gebet.

Einmal aber verzankte ich mich mit ihm, weil er die Spatzen immer vorzeitig davonscheuchte, wenn ich sie mit der altbewährten Methode, ihnen Salz auf den Schwanz zu streuen, fangen wollte. Wir Kinder waren allesamt, mit einer Tüte Salz ausgerüstet, eigens dazu in die Anlagen gegangen, denn einen Spatz zu fangen, bedeutete Glück. Gikikei konnte es nun aber nicht lassen, die Spatzen bei unserem Nahen wegzuscheuchen, es war, als ritte ihn der Teufel. Ich beurlaubte ihn einmal deswegen für mehrere Tage und wollte nichts von ihm hören und sehen. Dann aber bekam ich wieder Sehnsucht nach ihm, und damals war es, daß ich beschloß, um ihn wieder heraufzubeschwören, seinen Namen an die Wand zu schreiben, hatte ich doch davon gehört, was es Schwerwiegendes bedeutete, wenn eine »Schrift an der Wand« erschiene. Ich ließ mir also das magische Zeichen G, seinen Anfangsbuchstaben, zeigen, denn schreiben konnte ich noch nicht, übte es und stieg dann in den Keller hinab, wo ich vor jeder Belauschung sicher war, mit einem ausrangierten rostigen Küchenmesser bewaffnet, und ritzte den Krakel so tief ich konnte in den Kohlenstaub an der Wand, den Namen des Freundes mit dumpfer Stimme vor mich hin murmelnd. In der Tat stellte er sich nach einigen Tagen wieder ein.

Ich schickte Gikikei auch auf geheime und gefährliche Missionen aus. So drang er für mich in die Blutkammer des Gespensterpaares Lippe und Bußmann ein, welches im Hause nistete; er tat es für mich, aber unmittelbar, nachdem ich ihm den Befehl erteilt hatte und nun sehen mußte, daß er nicht zögerte, ihn auszuführen, bat ich ihn flehentlich, von seinem heldenmütigen und nahezu selbstmörderischen Unternehmen abzulassen. Er kehrte denn auch auf das Fürchterlichste zugerichtet zurück, blutüberströmt, mit klaffenden Wunden, die indessen unter meiner hingebenden Pflege wieder heilten.

Die Gespenster Lippe und Bußmann – ihre Namen waren aber schattenhaft, sie hießen manchmal auch Kruse und Lippmann – ließen nicht mit sich spaßen, ihre Blutkammer war tabu. Viele waren schon darin umgekommen, ja es war außer Gikikeis Tat kein Fall bekannt, in dem jemand ihr entronnen war.

Er ging auch auf die Polizeiwache, Ecke Mittelweg und Rabenstraße, zwar nicht mit der Gespensterkammer zu vergleichen, doch auch an Fährnissen nicht arm, und stieg dort über die Tische hinweg, um zu einer Wanduhr zu gelangen, die man von der Straße aus sehen konnte, langte hinauf und entfernte den größeren Zeiger, ein kunstvoll verschnörkeltes spitzes Ding, das ich mir sehnlich als Dolch wünschte. Er nahm diesen Zeiger vom Ziffernblatt, weiß der Teufel wie er das machte, und so rasch, daß die verdutzten Schutzleute vergaßen, zu ihren Säbeln zu greifen. Er entkam und brachte mir die wertvolle Trophäe, doch weiß ich nicht, wo ich hernach damit blieb, sie kam mir wieder abhanden. Nicht aber kam mir das Bewußtsein abhanden, es hätte eigentlich ich selber dies Abenteuer ausgeführt.

Andererseits vollbrachte auch ich Taten für ihn, die sich sehen lassen konnten. Dunkel ist mir erinnerlich, daß ich Olschmadam ein Bein stellte, als sie sich anschickte, Gikikei in ihren Kohlenkeller zu schleppen, um ihm dort ein gräßliches Schicksal zu bereiten. Olschmadam war halb Gespenst, halb Gebein, so tückisch und verschlagen wie die Gespenster Lippe und Bußmann, und ihr ein Bein zu stellen, daß sie lang hinschlug, war eine Tat.

Einmal war sie das Ziel einer Unternehmung, die Freund Gikikei und ich gemeinsam zu nächtlicher Stunde ausführten. Olschmadam hatte sich Hanna, die kleine Schwester, geholt, ein sanftes und vollkommen wehrloses Ding, das zwar fürchterlich gebrüllt, aber dann mit einem Schlage aufgehört hatte zu brüllen, was eine überwältigende Wirkung auf mich ausübte. Es war »gemeldet worden«, daß sie in Ketten in Olschmadams Bau lag, was nicht ganz stimmte, es waren Riemen, mit denen die Arme auf einer Pritsche festgeschnallt war, so fest, daß sie keinen Finger und keinen Zeh mehr rühren konnte. Ihren Mund hatte die entsetzliche Alte zugenäht, akkurat so wie meine Mutter einmal vor meinen Augen ein überflüssiges Knopfloch zugenäht hatte. Es war ferner gemeldet worden, daß der Löwe am Abend in den Ofen kommen sollte, ein Gedanke, der mir den Schweiß aus allen Poren trieb.

Nun, wir machten uns auf, Freund Gikikei und ich, drangen ein und rangen mit der Alten, die sich zeternd, stampfend und rasselnd zur Wehr setzte. Es gelang uns,

Hannas Riemen zu lösen und sie, nackt und kohleverschmiert wie sie war, aus dem Keller zu tragen und ins Bett zu bringen, nachdem wir ihr die Fäden aus den Lippen gezogen und sie auch gewaschen hatten. Die arme Kleine hatte bei alledem das Bewußtsein verloren, wachte aber am Morgen ganz vergnügt auf und wußte zu unserer Genugtuung nichts von dem Grauen mehr, das sie durchgemacht hatte. Wir erinnerten sie auch nicht daran, wollten ihren Dank nicht, die Tat hatte ihren Lohn in sich getragen.

Hanna wurde späterhin mehr als einmal das Opfer finsterer Mächte, so daß man sie nur mit knapper Not noch heraushauen konnte. Der dicke Haken an der Decke der Waschküche, an dem sie einmal hing, um »gedämpft« zu werden, worunter ich mir aber nichts Genaues vorstellte, legte Zeugnis davon ab. Irgend etwas an der Kleinen war so beschaffen, daß sich die Wut und Gemeinheit der Bösen auf sie richtete.

Gikikei wußte prächtig mit wilden oder widerlichen Tieren umzugehen, was meine schwache Seite war, darin war er mir turmhoch überlegen. Nichts in der Welt hätte mich bewegen können, eine Spinne anzufassen, und nun gar eine von der Größe eines Teekessels oder eines Kinderkopfes, wie es deren welche bei uns gab und die mit Vorliebe auf mich zugekrochen kamen. Gikikei wußte so ein Gezücht einfach in die Faust zu nehmen und ungeachtet seines Gestrampels mit den scheußlichen behaarten Beinen und seines hellen, zischenden Geschreis in den Ofen zu werfen.

Die schrecklichen Erlebnisse überwogen die guten und sanften. Gespenster, Kohlenmänner, Schutzleute, Spinnen und andere Ungeheuer, die man nicht bewältigen konnte, nahmen einen breiteren Raum ein als das Schöne: der Zirkus, die Ferien, das Marzipan, das Pfauenauge, die Spieldose. Oder nicht? Ist es ein Trugschluß, dem man sich hingibt, weil das Schreckliche die Seele in heftigere Bewegung versetzt und dauerhafter nachschwingen läßt als das Schöne? Auch auf der Wiese im Sonnenschein, am Ufer des plätschernden klaren

Baches, der das höchste Glücksgefühl wachrief, war Gikikei bei mir, aber als Freund und Retter unvergeßlich erwies er sich namentlich, wenn es hart auf hart ging.

Es kam auch vor, daß er mir in Fällen, wo mein Mut und meine Redekunst versagten, zum Sprachrohr diente. Ich erinnere mich, daß ich den Teller beim Essen nicht drehen durfte. Wollte ich nämlich an etwas gelangen, was sich auf meinem Teller an seinem entfernten Rand befand, so langte ich nicht mit dem Löffel dorthin, sondern drehte den Teller zu mir herum – eine ganz natürliche Maßnahme, und dies war etwas, woran Anstoß genommen wurde. Es wurde mir mit schroffen Worten verwiesen unter der Hinzufügung: »Du weißt doch, daß du das nicht sollst, es ist dir schon hundertmal gesagt worden!«

Das stimmte nicht, es war mir weder hundertmal, noch überhaupt je gesagt worden. Ich senkte den Kopf, um nachzudenken. Ich lotete mein Gedächtnis aus. Ich konnte mich nicht entsinnen, das Verbot zuvor schon vernommen zu haben, das Kinderfräulein mußte sich irren. Vielleicht hatte es schon öfters daran gedacht, vielleicht wirklich hundertmal, mir das Drehen des Tellers zu verbieten, aber getan hatte sie es nicht. Ich wechselte verstohlen ein paar Worte mit Freund Gikikei. Nun war es nicht rätlich, dem Fräulein zu widersprechen; es konnte, setzte man es ins Unrecht, eine helläugige, jähzornige Friesin, in Wut geraten. So ließ ich denn Gikikei die Sache in die Hand nehmen. Mit wohlgesetzten, überzeugenden Worten, dergleichen mir selber nicht zu Gebote standen, legte er dem Fräulein dar, wie es sich verhielt. Und seine Logik war so zwingend, daß sie es hinnahm! Ob gläubig oder ungläubig, weiß ich nicht, spielte sich doch Rede wie Gegenrede im Unhörbaren ab, in der Zone des Schweigens, wo die triftigsten Entscheidungen fallen. Ich aber hatte mich durch den Mund Gikikeis ausgesprochen, und mir war leichter zumute. Auf diese Weise erlangte ich den Ruf eines Phlegmatikers.

Meine gute Mutter sprach einmal den Wunsch aus, Gikikei kennenzulernen, das heißt ihn zu sehen und mit ihm zu sprechen. Sie hätte eigentlich wissen müssen, daß dies nicht gut möglich war. Mich zu necken, lag ihr gewiß fern; vielleicht war die Bitte ihr im Zustand der Zerstreutheit entschlüpft. Daß ich sie ihr abschlagen mußte, tat mir weh; ich suchte mein Nein zu verhüllen, indem ich es in Vertröstungen kleidete, etwa: Gikikei sei augenblicklich »so komisch«, womit ich so etwas wie menschenscheu meinte; ich wolle aber darüber mit ihm reden, später würde es sich machen lassen, und was dergleichen Redensarten mehr waren, mit denen sie sich dann, die Sachlage verstehend, auch zufriedengab.

Jedenfalls rechnete sie es Gikikei hoch an, daß er nie etwas beschmutzte oder in Unordnung brachte, außer in meinem Dienste, wofür ja dann ich die Verantwortung trug.

Er trat, als ich seiner nicht mehr bedurfte, so unmerklich und taktvoll zurück, wie es seinem vorzüglichen Charakter entsprach, ging in die Vorzeit ein als ein Schemen, und auch das liebevollste Gedenken kann ihn nicht nochmals erschaffen.

Der Hinabwurf

Es kommt bei braven Menschen von einer bestimmten religiösen Prägung vor, wenn sie ein Kind bekommen, nicht von dessen Geburt, sondern von seiner Herabkunft zu sprechen. Diese getragene Ausdrucksweise macht mich, der Bescheidenheit eingedenk, die dem Menschen ziemen sollte, mißtrauisch, und ich kann dabei nicht vergessen, daß auch für einen Goethe die Geburt noch gut genug war. Da an einen so feierlichen Tatbestand, wie es die Geburt ist, mit Worten doch nicht herangereicht werden kann, verdient die schlichte

Alltagsprosa den Vorzug vor dem Pomp, und ich würde weniger vor der Unterbetonung zurückscheuen als vor dem Pathos.

Jedoch gehe ich darin nicht so weit, meine eigene Geburt – mit der eines andern würde ich's erst recht nicht wagen – als einen Hinabwurf zu bezeichnen; ich meine mit dem Wort etwas ganz Buchstäbliches.

Auf das erste Begebnis meines Lebens, das der Erwähnung wert wäre, kann ich mich nicht selber besinnen, sondern stütze mich auf die Berichte der Älteren. Ich wurde von meiner Amme, die angestellt war, für mein Wohlbefinden zu sorgen, die Treppe hinuntergeworfen. Dies ereignete sich in meinem allerzartesten Alter, aber das Datum ist nicht mit überliefert. Die Amme und ich in ihrem Arm hielten uns in einem Hotel des Schweizer Kurorts Grindelwald auf. Die Treppe war keine gewöhnliche Holzstiege, sondern eine breite steinerne Freitreppe vor dem Gebäude. Später, als ich alles erfuhr, was sich begeben hatte, nahm ich mir vor, einmal dorthin zu fahren, um den Schauplatz in Augenschein zu nehmen, kam aber nie dazu. Ich habe aber jener Treppe ein ehrendes Andenken bewahrt.

Der Hinabwurf fand nicht von Ungefähr und aus Versehen oder Fahrlässigkeit, sondern absichtlich und kraftvoll statt. Es war kein Fall, sondern ein Wurf. Die Amme war böse, nicht charakterlich böse, wiewohl vielleicht auch das, sondern böse gestimmt, jedenfalls nicht in wohlgelaunter Verfassung. Sie hatte sich über etwas geärgert und warf meiner Mutter den Krempel vor die Füße.

Ich glaube nicht, daß meine Mutter ihr Anlaß dazu gegeben hatte, sie war wegen ihrer Sanftmut berühmt. Die Amme stand am oberen, meine Mutter am unteren Ende der Treppe. Ich rollte die ganze Treppe hinab, habe mich aber in einem Steckkissen befunden, das mich beschützte; nur so ist es zu erklären, daß ich mit Leib und Leben davonkam. Die Amme wurde entlassen. Das Steckkissen hätte dankbar aufbewahrt werden sollen, das ist versäumt worden. Ich eignete mir später eine besondere Geschicklichkeit im Springen und Fallen an, vielleicht hat die frühe Übung im Fallen ihr Teil dazu beigetragen. Ich hänge an dem Gedanken, daß es nicht bloß ein Steckkissen war, sondern daß ich auch selber irgendwie an meiner Rettung mitgewirkt habe.

Doch ist noch auf einen anderen Gesichtspunkt zu achten. Die Möglichkeit besteht, daß ein Schutzengel seine Hand im Spiel hatte. Ich gebe diese Vermutung nur ungern preis, sie könnte mir als Anmaßung gedeutet werden. Zweifellos ist es anmaßend, an das Vorhandensein eines eigenen besonderen Schutz- und Hilfsengels zu glauben; andererseits gilt solcher Glaube im religiösen Sinn als eine fromme Tugend. Wie dem auch sei, tatsächlich habe ich mir in schwachen Augenblikken, will sagen in Augenblicken der Anfechtung vom Laster des Hochmuts und der Eingebildetheit – dieses aber ist die Berufskrankheit der Schriftsteller – schon ausgemalt, zu irgend etwas Besonderem berufen oder auserwählt zu sein, was dann einen solchen Engel hinreichend rechtfertigte.

Ich fand aber später, daß es noch keine Auserwähltheit bedeutet, wenn man durch höhere Mächte beschützt wird, (manchmal ist es eher eine Demütigung), so wenig es gegen jemanden spricht, wenn er solchen besonderen Schutzes ermangelt. Es darf in Zweifel gezogen werden, ob der Schutz des nackten Lebens notwendig – gegenüber den vielen Edlen, denen es früh genommen wird – eine Auszeichnung sei und nicht vielmehr nur eine Bevorzugung.

Eine andere Auslegung für den Sinn meines Hinabwurfs ist aber die, daß die jähe und frühe Durchschüttlung einen Sperrhaken gelöst habe und dadurch in meiner Struktur eine bestimmte Lockerung – oder soll man sie eine Verdrehung nennen? – herbeigeführt war, die den späteren Hang zum Spielen mit absonderlichen Gedankengängen und Vorstellungen förderte.

Um aber auf Begriffe wie Auserwähltheit oder Bevorzugung zurückzukommen, so ist eine solche gewiß in meinem Geburtsjahr zum Ausdruck gelangt. Ich bin im Jahre 1900 zur Welt gekommen und, sei es anmaßend oder nicht, mit dieser Jahreszahl bin ich zufrieden. Sie hat den Vorteil der Ordnung, Einfachheit und Einprägsamkeit und gab mir in Zeiten des Größenwahns den berückenden Gedanken ein, es möchten sich spätere Geschlechter von Schülern, guten und schlechten, mein Geburtsjahr leicht merken können, ohne in Klassenaufsätzen und Prüfungen Fehler zu machen. Eine Herabminderung ist es freilich wieder, daß in demselben Jahr noch viele andere auch zur Welt gekommen sind.

Das ist aber noch das wenigste. Mein Datum setzte mich instand, zwischen den wüsten Prellböcken zweier Weltkriege heil durchzukommen. In beiden Katastrophen entging ich um Jahresbreite dem Blutbad und Heldentod. Das erste Mal war ich, als die Metzelei zu Ende ging, erst achtzehn, ein Alter, in dem schon viele haben dran glauben müssen. In Deutschland lebend und von der Obrigkeit irrtümlich zum deutschen Untertan erklärt, was mir allerdings aus dem wahnsinnigen Grunde willkommen war, daß es mich vom letzten Schuljahr befreite, hatte ich schon zu schießen, mit Handgranaten zu werfen und mit dem Bajonett zu stechen gelernt, als die Weltgeschichte ein Einsehen hatte. Ich war um einen halben Jahrgang zu jung gewesen.

Beim zweiten Mal war ich um eine ebenso knappe Frist zu alt. In England geboren und nunmehr politischer Einsichten teilhaftig, lebte ich, als die zweite Metzelei anfing, in London; aber die britischen Einberufungen machten just vor meiner Jahresklasse halt – und abermals blieb ich ungeschoren, soweit dieses Wort unter Bomben und fliegenden Spezialsprengkörpern noch angebracht ist.

Ich bin überzeugt, daß ich im Handgemenge Pech gehabt und jenes elende Ende erlitten hätte, das mir stets als das Typikum des Soldaten- und Heldentodes gegolten hat, den Tod durch das Bajonett. Krieg hat für mich immer bedeutet, ein dickes, womöglich gezacktes Bajonett in den Bauch gerammt zu bekommen, eine Vorstellung, die mich immer stark angewidert hat.

Mutter, zwei Väter – und Matupi

Meine Mutter hieß Carola; ihr Name rührte mich, ich schwärmte für ihn und war entschlossen, wenn ich später ein Schlachtschiff oder ein Schloß besäße, es auf den Namen Carola zu taufen. Oft malte ich mir den feierlichen Taufakt aus, Generäle und Marschälle, ordenübersät, waren dabei zugegen, alle unendlich gerührt. Meine Mutter war eine schöne und sanfte Frau, die wohl niemals jemand hat schelten hören. Ich aber war ein Muttersöhnchen, und ihr zu früher Tod war für mich schlimm.

Ich habe sie einmal auf eine Art übertölpelt, an die ich später mit Beschämung zurückdachte. Sie führte mich spazieren, es ging am Ufer der Alster entlang, nur eine kurze Straße vom Hause entfernt. Ich war sechs oder sieben Jahre alt. Mein Geburtstag stand bevor, und in meinem Kopfe tobte es von Wünschen, namentlich von dem, ein bestimmtes Bilderbuch zu besitzen. Der Wunsch war ordnungsgemäß angemeldet; würde er erfüllt werden?

Ich drang hartnäckig in sie. Sie gab an, das nicht genau zu wissen, es werde sich erst herausstellen, sei aber noch nicht entschieden. Dies war fatal, höchst beunruhigend; ich war für klare Gewißheiten. Da wandte ich, nachdem ich einen Augenblick mit mir gekämpft hatte, meinen Trick an. Wenn es ungewiß sei, führte ich mit gefurchter Stirn aus, müsse ich mir das Buch selber kaufen, denn haben müsse ich es, soviel stünde fest. Ein paar Groschen – oder waren es Pfennige? – klapperten in meinem Sparapfel. Natürlich sei Eile geboten. Es gab das Buch gerade jetzt zu kaufen, im Schaufenster liege es, morgen aber vielleicht nicht mehr, und so sei rascher Entschluß geboten. »Tue es gleich!« war ein Motto, das mir von früh auf eingeimpft wurde, übrigens gänzlich vergebens. Also, ich sei gezwungen, mir das Buch sogleich selber zu besorgen, wenn nicht Gewißheit geschaffen werden könnte.

So und ähnlich ließ ich meiner Redekunst, mit der es im allgemeinen so wenig weit her war, freien Lauf. Hierauf erwiderte meine gute Mutter ein wenig kleinlaut, ich solle mir das Buch doch nicht selber kaufen. Der Ringkampf war zu Ende und hatte mit meinem Sieg geschlossen, die Ungewißheit war behoben. Aber ich spürte mit Bestürzung, daß meine Mutter infolge meines Sieges eine Niederlage erlitten hatte, es war ein ungehöriger Sieg gewesen und kein Segen daran. Ihre Freude an der Überraschung mußte dahin sein. Ich hatte das Bedürfnis, sie zu trösten, aber wie sollte ich das machen, ohne im Besitz der dazu dienlichen Redewendungen zu sein?

Erst sehr viel später fragte ich mich, was eigentlich vorgegangen war. Sie mußte ein sehr harmloses Gemüt besessen haben, um auf einen so plumpen Schwindel hereinzufallen. Oder hatte sie mir eine Lektion erteilen wollen – eine Schläue, die ihr gar nicht ähnlich sah? Sie konnte doch nicht im Zweifel darüber gewesen sein, daß ich leeres Stroh drosch.

Ich war ihr mit einer solchen Zärtlichkeit zugetan, daß es sicher eine Plage für sie war. Einmal mußte sie, da ich nicht aufhörte, sie darum zu quälen, versprechen, die ganze Nacht an meinem Bette sitzen zu bleiben. Die ganze Nacht! Denn ich fürchtete mich vor ihrem Weggehen und graulte mich in der Dunkelheit oft entsetzlich. Da hatte ich sie nun auf einem Stuhl im Dunkeln schweigend an der Seite meines Bettes sitzen und schlief lange nicht ein, weil ich das Glück auskosten wollte, von ihr bewacht und behütet zu werden, und die Arme harrte lange aus. Gewiß hätte sie noch bis zum Morgen ausgeharrt, wäre ich nicht doch in den Schlaf gesunken.

Am andern Tag aber scheute ich mich, sie auf Ehre und Gewissen zu befragen, ob sie bei mir am Bette geblieben sei, und ließ es dabei bewenden, und gleichfalls scheute ich mich, sie noch einmal um den gleichen Liebesdienst zu bitten.

Ja, ich war ein Muttersöhnchen wie es im Buche steht, trotz einer Körperkraft, die mir vom alten Herrn, dem »großen Häuptling von Matupi«, den etwas spöttischen Spitznamen »der starke Simson« eintrug. Ich erhoffte von meiner Mutter Hilfe in den unwahrscheinlichsten Fällen. Ich rodelte im Schnee mit Bruder Eduard auf einem kleinen Schlitten einen mäßig steilen Abhang im Park hinunter. Diese Rodelei, mir sehr zuwider, hatte ich mir nicht selber eingebrockt, hatte aber auch keinen Einspruch zu erheben gewagt. Die Mutter hatte sich auf halbem Weg aufgestellt, um uns vorbeisausen zu sehen und durch Wink und fröhlichen Zuruf zu erfreuen – in meinem Sinn aber noch zu einem anderen Zweck. Ich hielt es für ausgemacht, daß sie uns an der Stelle, wo sie stand, auf halbem Wege, anhalten und uns aus unserer beängstigenden Lage befreien würde. Ich stand große Angst aus, ich liebte keine Abhänge, keinen Schnee und keine sausende Bewegung, außer in gewissen heroischen Vorstellungen.

Welche Enttäuschung, daß nichts geschah, daß wir weiter dahinsausten! Die halsbrecherische Fahrt war gar noch zu wiederholen, nachdem wir den Schlitten wieder hinaufgezogen hatten, und alle die Abstürze, die unter krampfhaftem Juchhei und Halloh vonstatten gingen – wie ich sie haßte, wo die Mutter nicht tat, was ich von ihr erwartete! Und ich entsagte fernerhin dem waghalsigen, grausamen, überdies kalten Schneesport, indem ich Einwände und Schwierigkeiten machte, wo immer es anging. Aber es ging nicht immer an. Man hatte sich zu bewähren.

Unsere Familienverhältnisse waren höchst verwickelt. Meinen richtigen Papa lernte ich, lange nach seiner Scheidung von meiner Mutter, nur einmal flüchtig kennen. Wie eine Reisebekanntschaft. Er war Schiffsarzt, jedenfalls eine Zeitlang, aber befand sich auch sonst immerfort auf Reisen. Er war eine unstete, wanderlustige Natur, geistreich und flatterhaft, frönte auch literarischen Neigungen und verfaßte ein etwas fades Buch mit dem Titel »Liebe und was drum und dran«, worin Sentenzen vorkamen wie: »Die Frauen sind wie Soldaten, wie diese werfen sie ihre Waffen erst fort, wenn sie sich besiegt geben.« Als Plauderer hingegen war er geschätzt. Er sammelte aus Blättern aller Länder kleine läppische Kuriositäten, die er in einer eigenen winzigen Gazette unter der Rubrik »Kurz und bündig« herausgab. Das Blättchen fristete ein mühseliges Dasein und machte schließlich Bankrott.

Viel Staat ließ sich mit ihm nicht machen. Zum Ehemann war er schwer tauglich. Meine Mutter, die viel auf Ordnung, Maß und Sitte hielt, konnte nicht mit ihm zurechtkommen und drang bald nach meiner Geburt auf Trennung. Sie müssen ein sehr ungleiches Paar gewesen sein. Er genügte in London, wo sie damals lebten, seiner Kavalierspflicht, indem er sich von einer freundlichen Dame das Nötige bezeugen ließ, da war die Form gewahrt und die Sache abgetan.

Mit ihm verbrachte ich als Siebenjähriger einen Nachmittag von drei oder vier Stunden, ohne ihn je zuvor gesehen zu haben noch auch danach je wiederzusehen. Er machte aus seinem Globetrotterdasein einen Abstecher nach Hamburg und äußerte brieflich den Wunsch, mich sehen zu dürfen. Irgendein Erkennungszeichen wurde vereinbart, und das Fräulein brachte mich auf den Dammtorbahnhof. Ein ältlicher Herr mit grauem Vollbart und Zwicker trat auf uns zu und fragte, ob ich der Martin, sein Sohn sei. Dann war ich mit ihm allein und mußte versuchen, das Beste aus der dummen Situation zu machen.

Wir beschlossen, in den Hagenbeckschen Tierpark zu fahren. Mit dem Taxifahrer feilschte er um den Fahrpreis. Wie zwei völlig Fremde, die einander nichts zu sagen haben, wie zwei zufällige Reisegefährten hockten wir auf unseren Sitzen nebeneinander. Es war das erste Mal, daß ich in einem

Automobil saß, aber ich hatte nicht die Spur eines Genusses an der Fahrt. Ich glaube, wir tauschten sogar Bemerkungen über das Wetter. Auch beim Gang durch den Tierpark an den Käfigen und Gehegen vorbei kamen wir einander nicht näher, selbst die Tiere lieferten uns nur dürftigen, kurz aufflackernden und wieder versandenden Gesprächsstoff.

Später tranken wir eins im Restaurant, es dürfte Schokolade auf meiner und Bier auf seiner Seite gewesen sein, nachdem er mich gefragt hatte, ob ich Schokolade oder Limonade wolle. Ich hatte mir vorgenommen, ihn recht elegant zu unterhalten, aber es wurde nichts damit. Er ermahnte mich, mir immer fleißig die Zähne zu putzen. Ich erfuhr später, daß er einen hygienischen Tick hatte, dergestalt, daß er eine eigene Waschschüssel auf seinen Reisen mit sich führte. Hier war es auch, wo er mir einen Ring schenkte, der plump und altväterlich aussah. Ich verwahrte ihn lange, obgleich er ganz wertlos war, und irgendwann ging er verloren, war nicht mehr da. Das ist eine Erscheinung, die an den Gegenständen haftet, wenn man sie lange Zeit nicht beachtet. Entsinnt man sich eines Tages ihrer dann doch, weil man sie benötigt, so sind sie weg, verschwunden, einfach nicht mehr da. Sie haben sich gerächt.

Für den Rückweg nahmen wir die Straßenbahn, die sich bequem am Eingang des Tierparks anbot. Ob und was wir während dieser Fahrt plauderten? Ich wüßte es nicht zu sagen, es liegt im Orkus. Ich hatte es aufgegeben, die Situation elegant zu meistern. Er auch. Es wäre an ihm gewesen, doch er war der Sache nicht gewachsen. Wir trennten uns am Dammtorbahnhof, wo er mich an das dorthin bestellte Fräulein ablieferte. Nicht sonderlich von dem Erlebnis beeindruckt, vielmehr erleichtert trottete ich an ihrer Seite in das Haus am Mittelweg zurück. Natürlich wurde ich ins Verhör genommen, »wie es denn gewesen wäre«, aber ich wußte nichts Rechtes zu erzählen, was auf Unmut und Kopfschütteln stieß. Der Herr mit dem grauen

Vollbart und dem Zwicker blieb mir nicht mehr als eine flüchtige Zufallsepisode. Er starb ein paar Jahre danach im Ausland. Sein Wunsch fand keine Erfüllung: es solle auf seinem Grabstein das Sprüchlein stehen »Stets hat er das Rechte gewollt / doch stets das Verkehrte getan.« Es war niemand zur Stelle, das in die Hand zu nehmen.

Nun aber der andere alte Herr, der mir als Stiefvater zur Vatergestalt wurde, unser Häuptling mit dem dicken, eisgrauen Zeppelin-Schnurrbart. Er war einer jener hanseatischen Handelsherren, die wie kleine Könige lebten, aber besser, souveräner als die exilierten Monarchen von heute, und sich wohl auch königliche Kaufleute nannten oder doch so genannt wurden, was nicht etwa hieß, daß sie Königen dienten, sondern selber welche waren und die Atmosphäre der alten Freien und Hansestadt bestimmten.

Er war schon weit über sechzig, als er in mein Bewußtsein eintrat und die Rolle meines lieben Gottes übernahm. Er war einer der merkwürdigsten und bedeutendsten Männer, die mir begegnet sind, ein seemännischer Philosoph und philosophischer Seemann, was eine romantische, höchst anziehende Mischung ergibt, denn Seeleute sind manchmal Romantiker, auch Abenteurer, aber selten Philosophen. Er war ein Seneca im hanseatischen Gewande, ein ernster, gebildeter Mensch von hoher Lauterkeit des Charakters, der die praktischen Erfordernisse seines ursprünglichen rauhen Berufes auf das glücklichste mit der kultivierten Lebensklugheit und Lebenskunst eines freien Handelsherrn, eines Herrn schlechthin vereinte. Ich nenne ihn einen Weisen, dessen Bild mich unzerstörbar begleitet und der alle anderen Erscheinungen am Rand meiner Kindheit überragt. Heute kommt er mir wie eine von Joseph Conrad erfundene Romanfigur vor.

Er hatte in seiner Jugend die Laufbahn eines Seemannes eingeschlagen und es zum Kapitän eines eigenen Schiffes gebracht, eines Segelschoners, denn es war noch die Zeit der Segelschiffe, und das Gebiet seiner Fahrten war der mit Inseln besäte Teil des Pazifischen Ozeans, den man die Südsee nennt. Er trieb auf den kleinen Niederlassungen und bei den Eingeborenen der Archipele und auf Neu-Guinea Handel und betrat als einer der ersten Europäer ein winziges Eiland vor der Küste der Gazellen-Halbinsel, das Matupi hieß, mit der Betonung auf dem i, weil die Insulaner es so nannten. Hier hißte er – das taten damals die seefahrenden Händler, wenn sie auf kaum bewohnte Gestade stießen – die schwarzweißrote Flagge des Deutschen Reiches, das sich eben anschickte, nach Kolonien Ausschau zu halten, so daß sie denn eben die Vorläufer dessen waren, was heute als arges Verbrechen gilt; und fortan galt der Grund und Boden von Matupi samt Palmenwald und Strand und Schildkröten für deutsch. Auf dieser Insel nun, die so gut wie sein Eigentum wurde, indem er sie vom Reich pachtete, legte er Pflanzungen an. Kokospalmen wuchsen dort und lieferten die kostbare fleischige Nuß mit der haarigen Hülle, dieselbe, die die Affen in den Bilderbüchern den Leuten auf die Köpfe werfen, und die vor allem ein Schälchen bläßliche Milch spenden, wenn man am Verdursten ist, und ferner, deren Fleisch, getrocknet und gepreßt, Kopra geheißen, so viel Öl lieferte, daß im armen Europa ganze Industriezweige davon lebten. Als das Gedeihen der Pflanzungen gesichert war, zog sich ihr Herr von der Seefahrt zurück und gründete in Hamburg ein Handelshaus, das von der Einfuhr jener Kopra prächtig gedieh, so daß er einer der Handelsherren wurde, die man hanseatisch und gar königlich nannte, unabhängig und souverän, selbstsicher und stolz in ihrer großbürgerlichen Macht, ihrem Lebensstil und weltmännischen Gehabe.

Unser Einkommen war märchenhaft, vielleicht waren es hunderttausend Goldstücke im Jahr. Und man zählte es nicht in Goldstücken, nicht in Zechinen und Dukaten, sondern in solider Mark, vor der weder ein dummes R noch ein dummes D stand; aber im Märchenbereich gibt es keinen sonderlichen Unterschied zwischen Goldstück und Goldmark, und ich prahle mit dieser Einzelheit nur, um darzutun, was für ein Märchenland Matupi war.

Natürlich träumten wir Kinder diesen Traum nicht bewußt mit. Erst später, als alles zerronnen und zerschellt war, wachten wir zu seinem Nachhall auf. Nur die hübschen Briefmarken der deutschen Südseekolonien mit dem schnittigen Panzerkreuzer hatten wir reichlich und erzielten in der Schule bedeutende Erfolge damit.

Das bloße Wort Matupi, diese drei betörenden Silben, war die magische Formel meiner Kindheit, und eher könnte ich meinen eigenen Namen vergessen als jene drei klangvollen Silben. Sie bedeuteten nicht nur die Vergangenheit und Grundlage unseres Hauses am Mittelweg, sondern waren auch das Leitmotiv zu meiner Zukunft, wie sie geplant war und nach den Vorstellungen des alten Herrn feststand, bis der Erste Weltkrieg, der idiotischste aller bisher gewesenen Waffengänge der Menschheit, alles wegschwemmte.

Als mein zwölfter Geburtstag gekommen war – aber das ist viel später als alles, was in diesen Betrachtungen hervorgeholt wird, und wir wohnten schon lange nicht mehr in dem alten Haus –, stand ich dem großen Häuptling in seinem Arbeitszimmer mit der ehrfurchtgebietenden Bibliothek, das auf einen langgestreckten Garten hinaussah, gegenüber. Das war beklemmend, denn er richtete zum ersten Mal in meinem Leben das Wort ausdrücklich und einzig an mich, ich wußte nicht wohin mit meinen Händen, der Augenblick war von einschüchternder Feierlichkeit, was uns beiden, jedem auf seine Art, eine Pein war, so daß wir beide, jeder auf seine Art, uns Mühe gaben, die Situation ein klein wenig aufzulockern.

Als er begann: »Zwölf Jahre bist du jetzt – na, das ist ja noch nicht viel«, glaubte ich ihm schelmisch erwidern zu müssen: »Na, immerhin!«, was die reine Verlegenheit war, denn er, der nicht viel mit uns Kindern zusammenkam, war eine gewaltige Respektsperson. Ich wurde auch gleich rot, denn ich fand meine Bemerkung, die als Witz gedacht gewesen war, kaum daß sie meinen Zähnen entschlüpft war, ganz und gar blöde und blamabel.

Er ging nachsichtig darüber hinweg und setzte mir auseinander, was er mit mir vorhabe. Ich sollte als junger Mann, wenn ich mit der Schule fertig war, nach Matupi gehen, mich in die Verwaltung der Pflanzungen einarbeiten und schließlich einmal der kleinen Privatkolonie vorstehen, wie auch immer man dies nennen mochte.

»Du bist«, fügte er hinzu, und diesmal war es an ihm, die Situation aufzulockern, »sozusagen der Kronprinz von Matupi.«

Ich machte ein recht verständiges Gesicht, in das ich das Versprechen zu legen suchte, mich dieser Bestimmung würdig zu erweisen. Der Titel schoß mir tief und überzeugend ins Gemüt. Der große Häuptling hatte dieser ernsten kleinen Konferenz zwischen zwei so ungleichen Partnern nur etwas von ihrem gravitätischen Ernst nehmen wollen, hatte ihr jenen leisen Schuß von Ironie beimengen wollen, der ihm selber am Herzen lag und den ich mit der Zeit über alles zu schätzen lernte. Möglich aber auch, daß er meine verborgene Phantasie, die er nicht kannte und für karg halten mochte, etwas anzufeuern bestrebt war, meiner inneren Haltung und Zukunftsfreude zu Nutzen.

Genug, ich fühlte mich fortan als Kronprinz, und dies um so mehr, als ich mich durch die ganzen vergangenen Jahre des frühesten Kindheitsdämmers schon so gefühlt hatte, ohne noch meinen Titel zu kennen. Ich fühlte mich als der Erbe jenes fernen, fast sagenhaften tropischen Eilandes, dessen Palmen mir zunickten, wenn die anderen Aufregungen des Lebens ruhten, dessen Brandung und Wellenschlag am Strand mir ins Ohr klang, wenn es auf der Moorweide still war, dessen tropischer Sonnenschein mich heimlich blendete, wenn ich ins Dunkel der Kammer starrte. Matupi war eine ferne und späte, eine romantische und paradiesische Eroberung, eine Goldtruhe, die wohlbehütet im Winkel der Schatzhöhle Ali Babas stand und auf mich wartete, ohne daß ich mich groß zu eilen brauchte.

Einmal würde ich ihren knarrenden eisenbeschlagenen Deckel heben und reich, stark, mächtig und weise sein, vielleicht unsterblich wie die Götter, wer weiß.

Und bis dahin würden noch Ewigkeiten vergehen. Denn das Leben war offenbar lang, beseligend lang. An meinem siebten Geburtstag, an dem ich wie üblich eine Nußtorte bekam, und es waren sieben Lichter darauf, machte ich eine Art Meditationsübung und überdachte die Länge des Lebens, von dem es irgendwo hieß, daß es nur ein kurzer Traum sei. Das mußte ein Irrtum sein! Ich versuchte mir genau vorzustellen, wie lange ich schon gelebt hatte. Es war schier ein Äon, nicht zu messen, nicht einmal meine Erinnerung reichte bis zu seinem Anfang zurück. Dieser Traum verlor sich in uferlosen Zeitspannen, unermeßliche Erfahrungen hatte ich schon in ihm gesammelt. Und nun nochmals ein solcher Äon, und dann war ich erst vierzehn, und auch das war, wie es schien, noch kein Alter. Ich veranstaltete hartnäckige Umfragen, und mancher, der meinen Weg kreuzte, mußte mir Rede und Antwort stehen: wie lange dauert das Leben?

Dennoch, eine Zukunft war vorhanden, deren Länge die unabsehbare Vergangenheit noch um ein Vielfaches übertraf, und schon lange bevor mir der Herr Matupis seine Pläne kundgab, trug sie mir diesen Namen. Unser aller Leben, Vergangenheit wie Zukunft, hieß Matupi und war in das alte Haus am Mittelweg gebannt. Es war bis zum Rande angefüllt mit Südseetrophäen, exotischen Merkwürdigkeiten von der anderen, schöneren Hälfte der Erdkugel. Über der Flügeltür zum Eßzimmer hing der polierte Panzer einer Riesenschildkröte, den ich heftig begehrte, um ihn als Schild beim Schwertkampf zu benutzen. Speere, Streitäxte, Dolche aus Eisen und Stein waren an den Wänden verteilt; Masken mit grimmigen Fratzen, aus Holz geschnitzt und grell bemalt, gesellten sich dazu, traten aus den Wänden und sahen aus leeren Augenhöhlen und mit gefletschten Zähnen herab. Dazu kleine Statuen, Götzenbilder aus Elfenbein, auch solche aus anderen fernen Ländern, indische, chinesische, siamesische, und eine Fülle der wunderlichsten Vasen, Schalen und Krüge, und das Erregendste war ein malaiischer Kris mit geschweifter haarscharfer Klinge, die mir in manchen Träumen an die Kehle gesetzt wurde und mich das Gruseln und Blutvergießen lehrte.

So glich das Haus einem abgesprengten Vorposten der Märcheninsel, als solchen hatte sein Herr es sich auch gedacht. Daß es schon damals nur noch eine Fata Morgana war, zum Zerrinnen in blutigen Nebeln verurteilt, wer konnte das wissen? Als ihm Matupi und alles, wofür er gelebt hatte, im Ersten Weltkrieg entrissen wurde und er auch die Niederlage des Landes voraussah und weiterhin vielerlei Chaos und Schrecknis und Elend, das folgen mußte und das er früher als andere durchschaute, legte er sich hin, von Folgen tropischer Jahre durchschüttelt, und starb. Sein Name und Stamm sind erloschen, aber nicht in meinem Herzen. Darin lebt er als der große alte Häuptling von Matupi fort.

Die Insel aber steht noch, korallenumsäumt und von der Brandung gewaschen, in der Südsee, die ehemals das friedliche, das pazifische Meer hieß. Ihr Strand ist weiß, ihr Wasser klar, ihre hohen schlanken Palmen ragen nickend in den tiefblauen tropischen Himmel. Es ist Orplid, mein Land, und ich werde so wenig den Fuß darauf setzen wie irgendein Sucher und Schwärmer sein Orplid je findet. Und es ist doch kein Gespinst, sondern ist wirklich und wahr. Wenn die Dichter, wenn Conrad oder Stevenson, Jack London oder Laurids Bruun von ihm und seinesgleichen erzählen, wird mir das Herz dick und schwer. Das Haus Matupi aber, wenn es auch noch steht und nicht im Grundbuch gelöscht ist, lebt nicht mehr. Geh ich daran vorbei, so ist es mir fremd und leer wie ein Leichnam. Und ich bin einer jener armen Teufel von Kronprinzen, die nie Kaiser werden.

Verworrenes Sternbild

Meinen Stiefvater liebten die Frauen seiner klaren und starken Männlichkeit wegen, auch weil er ein wirklicher Gentleman war; und es wurde seine Familie größer als gut war. Als er meine Mutter zur Frau nahm, brachte sie mich zu ihm ins Haus, wo ich mit seinem mir ungefähr gleichaltrigen Sohn Eduard aufwuchs, indem wir für Brüder galten, was wegen unseres geringen Altersunterschiedes und vor allem unserer verschiedenen Nachnamen Verwunderung erregte.

Sie starb, und nun heiratete er zum dritten Mal, aber da gingen die Verwirrungen erst an. Denn er nahm die Schwester meiner Mutter zur Frau, die aus ihrer ersten Ehe zwei Töchter hatte und in die Waagschale legte. So wurde aus der Tante die Stiefmutter und aus zwei Kusinen zwei Stiefschwestern, Valeska und Hanna, mit abermals anderen Nachnamen. Wir waren denn also vier Kinder im Hause, eine buntscheckige Schar, von drei verschiedenen Väter stammend und also mit verschiedenen Vatersnamen versehen, da war die Verwirrung komplett: Vier, die nicht richtig zusammengehörten, und was den guten alten Herrn anging, so hatte er seine liebe und auch unliebe Not damit, uns ein richtiger Papa zu sein wie er im Buche steht, der mit seiner Schar durch dick und dünn geht und mit ihr Drachen steigen läßt auf der Moorweide.

Daß er dies buchstäblich tue, davon konnte die Rede nicht sein, der Ernst und die Würde seiner Natur und seines Alters ließen das nicht zu. Um so rührender war die Mühe, die er sich mit uns und seiner zur Hektik neigenden Frau gab. Sie äußerte sich im Erzählen oder Vorlesen von Geschichten, oft aus der Südsee, auch im Veranstalten sonntäglicher Ausflüge, die manchmal im Wagen – einer Pferdekutsche! – vonstatten gingen und an die Elbe, in die Heide oder zu den holsteinischen Seen führten. Obgleich das Zeitalter der Massen sich schon ankündigte, pflegte einem solchen Sonntag außerhalb der Stadt damals noch lange nicht solch Massen-, Spießer- und Rabaukencharakter innezuwohnen wie heutzutage; aber doch müssen diese Unternehmungen dem noblen alten Häuptling, der einst eine Südseeinsel beherrscht und die Weite des größten Weltmeeres befahren hatte, nicht leicht gefallen sein. Mein neuer, ungefähr gleichaltriger Stiefbruder und Spielgefährte Eduard war von mir sehr verschieden, sah auch ganz anders aus, so daß die Brüderlichkeit, unter der wir immer präsentiert wurden, indem wir schlechthin die Bubis hießen, Verwunderung erregte. Er war dunkelhaarig und erheblich aufgeweckter als ich, der ich ein eher dümmliches Kind war und mich nirgends zurechtfand, wo er die Lage im Handumdrehen meisterte. Er war frühreif und übte sich, schon bevor er schreiben konnte, im Hinhauen seines Namenszuges nebst pompöser Schnörkel, wie man sie vom Kaiser Wilhelm kannte, ehrgeizige Zukunftspläne vorwegnehmend, und träumte nicht nur offenen Auges, nein mit lauter Stimme Befehle, die er Lakaien, Kutschern und Köchen erteilte, kurz angebunden und streng, aber gerecht. Er war, seinem einfallsreichen Temperament entsprechend, ein Necker und mußte sich den Beinamen »Fips der Affe« (nach Wilhelm Busch) gefallen lassen. Die Kindermädchen hatten ihn nicht gern, da er ihnen mit seiner Hiddligkeit und Unordentlichkeit viel zu schaffen machte, und er rächte sich für ihre Abneigung durch Ungezogenheiten und häufiges Trällern.

Schlimm, aber die Nachfolgerin meiner Mutter, die Tante und Stiefmutter, dritte Frau des alten Herrn, unter arg zerfransten Nerven leidend, liebte den Jungen so wenig, daß an das Gegenteil von Liebe gedacht werden muß, dessen Name ein häßlicher ist. Und zwischen den beiden einzigen, die blutsmäßig zusammengehörten, den Schwestern Valeska und Hanna, herrschte stiller und zäher Zwist, abermals das Gegenteil von Liebe zu nennen, traurig zu melden. Es war ein schwelender Unfriede, aus frühgenährter Eifersucht geboren, den die drei Jahre Ältere von jeher auf die Jüngere geworfen hatte. Daß Hanna, die Jüngere, riesengroße Märchenaugen und eine dicke goldblonde Haarmähne hatte, die ihr im Verein mit ihren breiten Backenknochen und den schräg hochstehenden Brauen den Zunamen »der Löwe« eintrug, an Kindesreiz der Älteren voraus war, goß nicht nur in deren Gemüt Ätze, sondern auch eine andere, viel zu frühe, hektische, prickelnde und benebelnde Tinktur in den Sinn eines andern, in meinen, und diente nicht dazu, mein kleines Weltbild ruhiger und einfacher zu machen.

Wie aber mochte es um Valeskas Weltbild bestellt sein? Kraus. Sie war eine Exzentrikerin und blieb es zeit ihres Lebens. Wann immer eine Sonderbarkeit in diese Kinderstube eingeschleppt wurde, war Vally ihr Ursprung. Sie nahm eine Ausnahme- und Respektstellung bei uns ein, schon altershalber, sah aber nicht auf uns herab, sondern benutzte uns als Hofstaat und Kumpanei für recht schrullige Eskapaden. So klagte sie etwa morgens in schrillen Tönen, sie habe nicht schlafen können, da sie nicht gewußt habe, wo sie ihre Zunge hintun solle. Auch litt sie – aber es war ein wirkliches Leiden – an Lachkrämpfen, denen man schon in frühester Kindheit den Namen Hysterie geben mußte, und zwar nur in ganz unpassenden Zusammenhängen, da es sich anders nicht »lohnte«. Der Anblick einer Beerdigung oder einer Gruppe von Leidtragenden mit Kränzen stürzte sie in Konvulsionen von Gelächter, bei denen sie völlig außer sich geriet, fassungslos, unzurechnungsfähig, hochroten Gesichts, mit tränenden Augen und heftig bebenden Nasenflügeln. Auch verlangte und erhielt sie schon als Kind vielerlei Pillen und Medikamente gegen Schlaflosigkeit, Schwäche, aufsteigende Hitze, Kopfweh und Angstzustände; kurz, sie hielt das Haus fortwährend in Atem. Doch war sie die Gescheiteste von uns allen. Sie wurde später Ärztin, ohne an Hysterie einzubüßen, heiratete hintereinander drei Ärzte und verschwand mit dem dritten auf Nimmerwiedersehen hinter der Mauer.

Ihren Frieden mit der Kleinen aber machte sie nicht, die Luft im Hause war verdorben von vielerlei unguten Gefühlen, die wie aus einem düsteren, unglaubwürdigen Roman geschnitten waren, so daß es unsere Kindheit und auch die letzten Jahre des von den Frauen so verwöhnten und vom Familienleben geplagten alten Herrn vergällte und selbst das reine Märchen Matupi trübte – wie es denn wohl zum reinen Märchen gehört, daß Haß, Eifersucht, Wirrsal und Stiefsinn darin vorkommen, wie es im Buche steht.

Freilich gab es ein feierliches Gesetz bei uns, das da lautete: Laßt nicht die Sonne über einem Streit untergehen! Es war ein Grundsatz, der so unverbrüchlich war, daß er schon wieder kahl und schal wurde, weil aus bloßer Gewohnheit gehandhabt. Aber der kleine Löwe nahm es bitterernst damit, sich vor Sonnenuntergang noch wenigstens formal mit dem Gegner zu versöhnen, denn er lebte in dem Glauben, sonst böse zu sein und in Ewigkeit verdammt.

Wir waren ein verwickeltes Sternbild, das gar keins ist, sondern nur durch willkürlich gezogene Linien auf den Gestirns-Atlanten zu etwas gemacht wird, das einer Figur ähneln soll. So kommen Bär und Widder, Perseus und Andromeda, Hund und Wagen zustande; aber wissen diese Sterne davon und stehen sie einander wirklich nah? Nein, sie sind vielmehr um jene Millionen von Lichtjahren, mit denen die Astronomen so gern umgehen und die unserem Fassungsvermögen gar nichts bedeuten, voneinander entfernt. Wenn wir Sternchen waren, und schließlich ist jedes Seelchen eins, so gehörte jeder einzelne von uns in Wirklichkeit zu einem ganz andern Bild oder System, als der Atlas unserer Geschichte und Kinderstube anzeigt. Wir sahen aus wie ein Kreis von Geschwistern, aber wir waren nur zusammengewürfelt, kunterbunt und holterdipolter.

Der Schleier

Ich war ihr zugetan, grenzenlos und wild. Ihre riesengroßen, sanften, dunkelblauen Wunderaugen mit den slawisch hochgeschwungenen Brauen waren es, ihre Goldmähne war es, auch waren es ihre Hände. Sie waren sehr lang und schmal, der Rücken kaum breiter als das Gelenk, mit langen feingliedrigen Fingern, adlig, ja überzüchtet, schon in ihrer frühesten Kindheit. Als Frau konnte sie später keinen Armreif tragen, der ihr nicht über die Hand gerutscht wäre. Sie konnte Bewegungen damit vollführen, sachte wie schroffe, die ein Zauber waren, gut und schön, den Sinnen wohlgefällig.

Hatte es diese Augenweide mir angetan und sprang der Funke aus ihr, oder war der Funke zuerst in mir da und sprang in das kleine, dumme, mädchenhafte Wesen aus Fleisch und Blut und machte es, weil es so und so beschaffen war, zur Augenweide? Ich dachte darüber natürlich nicht nach und hätte es auch vergebens getan, und auch heute noch tu ich es vergebens. Ich war verstrickt und kannte es nicht anders, denn der Vergleich fehlte mir, wie es gewesen sei, als ich noch nicht verstrickt war, oder wie es einmal sein könnte, wenn die Verwirrung behoben wäre.

Ich erfuhr das alles erst spät, viel später bekam es einen Namen, jenes unheimliche, großgeschriebene Wort mit den zwei Silben, das so vielen Mißdeutungen ausgesetzt ist und das sich auch der Dichter, ja auch der Gottesgelehrte vielmals überlegen sollte, eh er es ausspricht. Meine ganze Kindheit und Jugend hindurch, weit ins dritte Jahrzehnt meines Lebens hinein, bis es von anderer Unordnung verwirrt und übertäubt wurde, war mein Herz und waren meine Sinne eingehüllt von dem regenbogenfarbenen, schwermütigen, selig strahlenden, erstickenden und lebenspendenden Schleier, den die Schaumgeborene in ihrer Nachlässigkeit, wähnend, ich sei ein Großjähriger, mir zugeworfen und über mich gebreitet hatte.

Was das bedeutet, ist nicht so leicht an den Maßstäben der Großen und ihrer erwachsenen, meist gar nicht großen Leidenschaften zu messen. Eine Kindesnot und -freude, der Brand in einem Kinderherzen ist den Feuersbrünsten der Großen, den wahren wie den eingebildeten, an Ursprünglichkeit, Waghalsigkeit und Aufgewühltheit voraus. Ein Hexensabbath kann wie in einer Büchse der Pandora im Kindergemüt eingesperrt sein und in diesem abgeriegelten Gehäuse, das keine Luftlöcher hat, Wunder und Verheerungen anrichten. Was später mit mattem, mißtönendem Gezisch entweicht und sich ausbreitet, ist meist nur noch Dunst und Abklatsch davon. Die seelische Innigkeit, die in einem hingerissenen Kinderherzen wohnen kann, ohne sich zu kennen und nach außen zu kehren, wird durch die Erlebnisse, die wir später so ernst nehmen, nicht mehr übertroffen.

Mir ging es wahrhaftig schlimm. An die zwölf Jahre lang brannte ich und hielt es geheim. Was in der Regel eine Kindesleidenschaft dem Herzen noch erträglich macht, ist der Umstand, daß sie ihrem Ziel und Gegenstand fern steht und ohne Hoffnung fern bleibt. Man ist einem Schulgefährten, den man in der Pause und auf dem Nachhauseweg sieht, zärtlich zugetan, aber läßt es ihn nicht wissen. Man entbrennt für eine Lehrerin, eine Schauspielerin, die man nur auf einem Bild gesehen hat, oder auch für ganz dämmerhafte Geschöpfe wie einen Kaiser, ein Pferd, einen Helden der Sage oder Jesus um der schrecklichen Dinge willen, die sie ihm antaten. Man verschließt all solches tief innen, und zwar mühelos, es bedarf nicht der zusammengebissenen Zähne – wem sollte man's denn auch offenbaren?

Das alles gab es, und alles das gab sich auch wieder. Nur das Eine gab sich nicht.

Ich sah das nichtsahnende, verträumte, ein wenig hölzerne und dummlige Geschöpf täglich von Angesicht zu Angesicht, konnte es berühren, und was ich dabei empfand, gab sich nicht. Ich hatte das fragwürdige Glück, mich fast stündlich meinem Besitz hingeben, mein Eigentum auskosten zu können, denn Besitz und Eigentum war es ja, was da unantastbar in mir schwelte und gerade darum ein so ungeschmälertes Leben führte, weil ich es nicht antastete, weder mit Gedanken noch mit Taten. Eine Schmälerung gab es nicht, und meine Leidenschaft stumpfte nicht ab. Sie war der gute Geist, sie war der böse Geist, sie war der Engel und der Dämon meiner Kindheit. Sie fraß an mir und wühlte in mir, und gewiß hätte sie mich zersetzt und aufgezehrt, hätten nicht geheimnisvolle Kräfte immer wieder neu gebaut, was die beständige Hochspannung verbrauchte.

Zwiste hatte ich mit Hanna nie. Wir beide waren der ruhende Pol des Friedens in unserer Kinderstube. Nicht, daß sie meine heimliche und unheimliche Zärtlichkeit erwidert hätte, ach nein, sie war weit davon entfernt, sie war ein harmloses Jüngferlein, auf eine rührende Art hilflos, eher verschlafen als aufgeweckt, nichts weniger als frühreif.

Den Haß ihrer älteren Schwester trug sie, ihn niemals begreifend, mit Bestürzung, zuweilen auch trotzig und mit jäh und töricht an ganz verkehrter Stelle aufflammender Wut, die sie dann in der Regel in krasses Unrecht setzte; doch dem Haß mit ähnlichem Haß zu begegnen, war sie nicht fähig. In welch Schrecken hätte ein Blick in mein Herz sie versetzt, hätte sie ihn je tun dürfen!

Sie wurde Löwe genannt, »der Löwe«, masculini generis, weil ihre dicke, schwere, goldblonde Haarmähne und das breit angelegte Gesicht mit dem großen, muksch aufgeworfenen Mund, der kurzen Nase und den schräg aufstrebenden Augenbrauen an einen Wüstenkönig erinnerten, wie er in der Fabel vorkommt. Zu ihrem Gemüt freilich paßte der Name nicht, und in ihrem Herzen hätte man den Löwen vergeblich gesucht. Sie war von entwaffnender Sanftheit. Ihre Lieblingsbeschäftigung war das Streicheln weicher Stoffe, wobei sie einen sinnlichen Mund mit vorgeschobenen Lippen machte und sich so in uferlosen Träumen verlor, daß mit Ermahnungen dagegen eingeschritten werden mußte.

Es hatte aber einmal jemand herausgefunden, daß der Name Hanna eigentlich von Johanna herkäme und also der Löwe auch Johanna genannt werden müßte. Zum Spaß hatte man dies eines Tages bei Tisch in Wirklichkeit umgesetzt, und das erwies sich als überaus rauh. Es stellte sich nämlich heraus, daß man den Löwen nicht entsetzlicher beleidigen konnte. Sie nahm den Namen Johanna für eine Schmach und antwortete mit einem jener Jähzornsanfälle, mit denen sich ihre Sanftmut und Hilflosigkeit Luft zu machen suchte. Die Szene, die entstand, trieb ins Groteske und Absurde, und zum Schluß wurde »Johanna« vom Tisch verwiesen mit der dummen Drohung, sie zur Strafe in den Keller zu schicken, wo ein Greisinnen-Ungetüm namens Olschmadam zwischen den Kohlen hauste, eine Grusel-Vorstellung, die ihren Eindruck nicht verfehlte. Hanna ergab sich schweigend und dumpf brütend wie eine Märtyrerin darein, als ob sie gleich einem Opferlamm darauf wartete, was bei uns ebenfalls eine unklare Gruselvorstellung war.

Zum Glück bürgerte der schmachvolle Name Johanna sich nicht ein, er wurde vergessen. Aber ähnliches, nein das gleiche spielte sich ab, als die boshafte Ältere es sich einfallen ließ, Hanna sähe eigentlich so aus, als ob sie Abo-Bibo heißen müßte. (Dabei hatte sie selber eine Stupsnase und viel kleinere Augen als Hanna.) Es rief dies gleichfalls einen Sturm im Wasserglas hervor, aber auch dieser Schmach-Name geriet in Vergessenheit, es wuchs Gras darüber. Nicht aber war die arme Kleine jemals imstande, Gleiches mit Gleichem zu vergelten und der Peinigerin ebenfalls etwas Beleidigendes anzuhängen. Es mangelte ihr an Einfallskraft dazu, und sie war immer die Unterlegene.

Aber es blieb dabei: wenn man sie reizte, was nur nie verläßlich vorauszusehen war, konnte sie in einen überlebensgroßen Zorn geraten, um sich damit unweigerlich heillos ins Unrecht zu setzen. Sie konnte sogar handgemein werden und mit geballten Fäusten über die Feindin herfallen. Nur waren ihre Kräfte klein, und zudem war sie von dem Grundsatz beherrscht, daß es eine unverbrüchliche Spiel- oder vielmehr Streitregel sei, einen anderen Menschen, wenn überhaupt, nur auf das Hinterteil schlagen zu dürfen. Daß dies einem vor ihr stehenden Widersacher gegenüber schwierig war, schreckte sie nicht, und verzweifelt arbeitete sie dann mit ihren beiden Armen von rechts und links her, um auf das abgewandte Hinterteil des Gegners einzuschlagen – mit Fäusten sogar, wenngleich das verpönt war. Eine Prozedur, bei welcher die ohnehin geringe Schlagkraft, die ihr zu Gebote stand, vollends verpuffte, und ein rührend komischer Anblick.

Wenn sie geneckt wurde und sich wehren wollte, zog sie immer den kürzeren. In die Enge getrieben, verfiel sie auf die absonderlichsten Kundgebungen. So kam es vor, daß sie in solch desperater Verfassung nach ihrem Mäntelchen griff, das einen dicken, die Löwenmähne noch unterstreichenden Plüschkragen hatte, es sich überstülpte, durch das Vorgärtchen aus dem Haus eilte, was doch durchaus verboten war, und von der Straße her zurückschrie: »Dann muß ich mir mein Brot eben mit Kohlenschippen verdienen!« Und war verschwunden. Sie kam dann vorerst nicht wieder; Spähtrupps, ihr nachgesandt, entdeckten sie schließlich in einem benachbarten Hof- oder Gartenwinkel, mit tellergroßen Augen vor sich hin starrend, in denen sich das Bewußtsein spiegelte, furchtbares Unrecht zu erleiden.

Nur einmal ging von ihr aufrührerische Wirkung aus. Sie hatte einmal von den Eltern den Satz aufgeschnappt »Wir wollen doch unsere Freude an euch haben« und es in die falsche Kehle bekommen. Es war in ihr hängengeblieben, hatte Wurzeln geschlagen und Blüten getrieben. Sie ging lange Zeit in düstere Gedanken versunken umher, verstockt und zergrübelt. Dann kam es eines Tages heraus, was ihr das

Herz abdrückte, und es war die bittere Anklage: »Dann sind wir also nur Belustigungskinder!«

Es gibt politische und sonstige Schlagwörter, die, so sinnlos sie sind, durch ihre bloße Formulierung Furore machen. So auch dieses. Die Klage, wir seien »bloß Belustigungskinder« machte bei uns die Runde, leuchtete uns ein, erfüllte unseren Sinn mit Bitterkeit. Es brach so etwas wie ein Streik aus: wir wollten nicht fürder mehr solch schmähliche Rolle spielen, den Großen nur zur Belustigung zu dienen. Freilich wurde die Beschwerde nie vor die Großen gebracht, irgend etwas, eine Verstocktheit hinderte uns daran, wir fraßen den Groll in uns hinein, wir waren zwei Wochen hindurch störrisch, und der kleine Löwe, dessen ureigene Entdeckung der schlimme Tatbestand gewesen war, tat es uns allen darin zuvor. Die Losung schweißte uns sogar enger zusammen, das war das einzige Gute an ihr. Doch verlief sich das ganze allmählich im Sande, und schließlich wuchs Gras darüber hin.

Der Löwe und ich gingen mit dem Gedanken um, uns später zu heiraten. Wir zogen gewissenhafte Erkundungen ein, ob dies zwischen Vettern statthaft wäre. Familienkundlich waren wir infolge der Verwicklungen, die bei uns herrschten, wissender als sonst Kinder unseres Alters, bei denen alles einfach ist und wie es sein soll. Der Heiratsplan war aber so sehr Spiel, und mit meinem Geheimnis war hingegen so sehr bitterer Ernst, daß zwischen beiden überhaupt keine Verbindung bestand. Der Plan, Hanna zur Frau zu nehmen, war ein halb spaßhaftes Vorhaben, aber es lag in romantischer Nebelferne, während das »Aug in Auge« mit ihr brennende Gegenwart und Wirklichkeit war, und keine Brücke führte von dem einen zum andern. Manchmal spielten wir »altes Ehepaar«. Wir versetzten uns wie in Trance in ein altes, wirklich schon uraltes, in ein Greisen-Ehepaar, das seine goldene Hochzeit längst hinter sich hat. Es besaß ein Gärtchen, in mühsamer Lebensarbeit redlich erworben, und wandelte darin Arm in Arm den Weg entlang, daß der Kies nur sachte unter den tappenden Schrittchen knirschte, würdevoll und mit schneckenhafter Gemächlichkeit. Dann und wann machten wir auch Halt und genossen besinnlich des Duftes aus einer Blüte in Nasenhöhe. Dazwischen hielten wir auch inne, um dem Tollen der lieben Jugend, unserer Enkel, zuzusehen, das wir uns in der Nähe vorstellten, und gütiges Lächeln, nicht ohne Wehmut der eignen fernen Jugendzeit gedenkend, verklärte unser Antlitz, und dann nickten wir uns friedevoll zu und setzten schlurfend unseren Weg fort. Das konnten wir lange treiben, ohne daß es langweilig wurde.

Kissenspiele und Fatalitäten

Frühmorgens spielten wir im Bett allerhand Kissenspiele, zu dreien oder vieren, je nachdem wie unsere Betten standen oder wie wir in die Zimmer verteilt waren, es gab öfters Wechsel. Wir bauten uns Gänge und Höhlen in die Gebirge der Decken und kuschelten uns darin ein wie Tiere, die sich zum Winterschlaf anschicken, was wir »Urahne« nannten, ein Verstärkungswort für »urgemütlich«. Waren wir aktiver aufgelegt, so schlugen und warfen wir uns auch mit Kissen oder formten aus ihnen Gesichter, vorwiegend solche, die Onkel Max, dem Wachtmeister Schröder oder Olschmadam ähnlich sahen, ferner schneemannsartige Gebilde und Monumente. Wir turnten an den Bettgestellen, sprangen auf den Matratzen und machten sie langsam und sicher kaputt. Decken und Plumeaus, Kissen zumal können für Kinder wie Landschaften sein oder wie Wolken.

Dämonische Wolkengesichter trafen wir manchmal so gut, daß wir uns vor ihnen fürchteten, wogegen dann nicht einmal mehr half, daß wir sie wieder zerstörten.

Natürlich war dies alles suspekt und mußte heimlich getan werden, und so spielte sich das Treiben zwischen Morgendämmer und Aufstehen ab, während das Fräulein noch schlief. Alle unsere Kindermädchen hatten einen festen Morgenschlaf. Bei den wildesten Unternehmungen beobachteten wir vollkommenes Schweigen und waren geübt darin, auch Streitigkeiten, wenn sie zu dieser Stunde in den Betten vorkamen, unter Grabesstille auszutragen.

Selbst die Exekutionen, die wir vornahmen, gingen trotz ihrer Grausigkeit untadelig lautlos vonstatten. Sie gehörten zu den Absonderlichkeiten, die die Älteste einschleppte. Vally war schon etwas in der Welt herumgekommen und hatte ein Jahr in einem Pensionat verbracht, was prompt seine Früchte trug. Die Anregungen, die sie brachte, griffen wir voller Eifer auf. So führte sie, da sie unablässig für jemanden schwärmte, aber solche Schwärmerei gewöhnlich in vertrackte Abenteuerlichkeiten umsetzte, das Hinrichtespiel ein, das auch in ein fein durchdachtes Operationsspiel abgewandelt werden konnte. Sie gab uns selber Weisung, wie wir ihr, weil dies aus verschiedenen zwingenden Gründen notwendig war, die Leber oder die Lunge oder sonst ein Organ herauszuschneiden hätten, wobei wir das zu verwendende Instrument genau mit einem beiseite gebrachten Obstmesser darzustellen hatten. Der Sinn dieses Tuns lag einmal darin, daß sie spielte, stellvertretend und freiwillig aus lauter Heldentum und Edelmut für den jeweiligen Gegenstand ihrer Schwärmerei zu leiden, und zum andern darin, daß sie das Ertragen des Schmerzes mimte.

Sie wand sich dann unter unseren beherzten Schnitten und stöhnte erbärmlich, schrie kunstgerecht, wenn auch lautlos auf und knirschte mit den Zähnen, sie biß in die Bettdecke und warf den Kopf hin und her, ermahnte uns aber zwischendurch mit verlöschender, vor Tapferkeit heiserer Stimme, nicht innezuhalten, sondern in dem blutigen Werk fortzufahren, obwohl das Messer, wie sie deutlich zu fühlen angab, auch noch schartig sei; aber das Opfer müsse gebracht werden.

So taten wir gewissenhaft und fachmännisch unsere Pflicht und spielten den Arzt und henkersartigen Chirurgen, der kühl und sachlich dem Seinen oblag und sich das Mitleid, das er immerhin spürte, mannhaft verbiß.

Mir leuchtete dieses Spiel sogar ein. Ich war mit Feuereifer dabei und lieferte auch Verbesserungen aus eigener Erfindung hinzu. Wir bildeten wohldurchdachte chirurgische Systeme aus, bei welchen jegliche Anästhesie leider fehlte. Die Operationen gingen mit fortschreitender Entwicklung in Exekutionen über, die Motive ärztlicher Behandlung in solche von heroischen Opfern.

Zu einer solchen Exekution, die gleichfalls irgend jemandem zuliebe und mit hochedlem Ziele stattzufinden hatte, wurde aber Hanna verwandt.

Ihrem Sanftmut und ihrer Hilflosigkeit wegen, und weil sie mit ihren riesengroßen träumerischen Augen ein leidvolles Duldergesicht machen konnte, besonders wenn sie weiche Stoffe oder das Fell der Katze genießerisch streichelte, eignete sie sich gut zu dem abwegigen Treiben. Sie verstand nicht viel, nein gar nichts von dem sonderbaren Genuß, wie Vally ihn kostete, wenn sie selber das Opfer spielte, auch nichts von dem unseren, den wir andern, wir Täter an dem fatalen Tun empfanden. Aber sie legte sich willig unter das Obstmesser und streifte das Nachthemdchen hoch, um sich von einer Hüfte zur anderen durchschneiden zu lassen wie ein Laib Brot, bis daß zwei Hälften von ihr dalagen, die ihr Leben rührend aushauchten. Sie stellte es trotz ihres Märtyrerantlitzes viel weniger begabt dar als Vally. Aber die linkischen Mittel, mit denen sie es tat, überzeugten mich ganz anders als bei jener und trieben mich in hektische leidenschaftliche Ergriffenheit hinein, deren Maß und Weh zu verbergen ich meine liebe Not hatte.

Manchmal spielten wir auch Blutvergiftung und amputierten ihr eine Hand, schnitten sie kunstgerecht an der Wurzel ab, wobei wir an den Sehnen tüchtig zu sägen hatten, und ich liebte ihre Hand mit den langen Fingern, dem schmalen Rücken und dem blaßblauen Geäder der Wurzel über die Maßen.

Es konnte bei solchen Spielen, mochten sie makaber oder lustig sein (lustig, denn es wurde auch gekitzelt), nicht ausbleiben, daß ich mir über das Fehlen des Gliedes, des mir vertrauten, bei Hanna den Kopf zerbrach, während es mich bei der Anderen nicht im geringsten beschäftigte. Es wurde aber über diesen Sachverhalt nie gesprochen. Nun nistete sich bei mir als Frucht vielen Nachdenkens die Vorstellung ein, Hanna sei operiert worden, und zwar unter entsetzlichen Schmerzen, die sie heroisch-still ertragen hätte, und ein bewunderndes Mitleid, das bald etwas ganz anderes als Mitleid wurde, erfüllte mir Leib und Seele. Zu meiner eigenen Pein wurde ich nicht müde, mir die fatale Prozedur, die sich da abgespielte hatte, auszumalen, und wie das totenbleiche Dulderantlitz der Kleinen sich dabei denn doch flehend verzerrt hatte. Ich liebte sie dafür um so mehr und war entschlossen, sie eines Tages als ein Retter und Wohltäter fürstlich zu entschädigen.

Überdies lebte ich in der bangen Vermutung, diese Marter könnte eines Tages auch mir abgefordert werden, und nicht nur diese. Mir schauderte. Ich hielt mich sogar für unweigerlich verpflichtet, der Kleinen nicht nachzustehen, sondern mindestens das gleiche zu ertragen, sei es unter Zwang oder in Freiheit, und mit Bangen und Zagen bildete ich mir ein, daß diese Stunde näher und näher rückte.

So zollte ich meinen Tribut an eine der Urängste, die dem Menschen auferlegt sind: und während die Grübeleien um mich selber sich abnutzten und allmählich verebbten, blieben die nachträglichen Ängste um das, was die Schwester durchgemacht hatte, hartnäckig am Leben, um sich in Mitleid und

Bewunderung umzusetzen – eine Regung, die sich einnistete, verwandelte, wucherte und wuchs, bis aus ihr die bewußten unheimlichen beiden Silben wurden, welche die Dichter nicht müde werden zu preisen und zu beklagen und um die ich doch gar nichts wußte.

Es war unter unergründlichen, aber unumstößlichen Gesetzen ausgemacht, daß meine Gefühle etwas tief Geheimes waren, das keinen Menschen etwas anging, am wenigsten den kleinen Löwen selber, und nicht einmal Freund Gikikei ließ ich davon wissen. Wenn wir auch unsere künftige Ehe klug abwägend in Betracht zogen, so vermied ich dabei doch sorglich, durchblicken zu lassen, daß es sich bei mir um eine Liebesheirat handeln würde. Unser stilles Einverständnis ging eher dahin, daß es eine Freundschaftsehe sein würde. Man spricht oft davon, daß Menschen es nicht wissen, wenn sie lieben. Romane, Dramen, Gedichte leben davon. Ich aber wußte, wie es um mich stand, als kleines Kind schon. Ich hatte keine Gründe, verfügte über keine Erfahrungen, weder dafür noch dagegen. Ich ließ es wehrlos geschehen. Ich wüßte nicht, daß ich es mutwillig genährt hätte. Mochte es unerlaubt, sündig, wunderlich, ungesund oder was auch immer sein, das wußte ich nicht. Vielleicht war ein Flimmern im Gewissen dabei im Spiel, das mich zur Heimlichkeit anhielt. Die Furcht vor Entdeckung ist immer eine natürliche Regung. Gewiß hätte ich mich, wäre mein Geheimnis preisgegeben worden, nackt ausgezogen gefühlt oder »wie eine glühende Kohle, auf die Straße geworfen in eisiger Winternacht, von Schneestürmen umtost«.

Meine Liebe war ein uneinnehmbares Territorium, barbarisch wild und frei, von eigenen Gesetzen geprägt, durch chinesische Mauern der Absonderung vor jeglichem fremdem Zugriff geschützt, auch den scharfsinnigsten Nachforschungen, sollten Pädagogen solche etwa anstellen, entzogen.

Auch als ich meiner fünf und mehr Sinne mächtig geworden war, nie gab ich mein Geheimnis preis. Zu kostbar war es mir und auch zu verwundbar, verwundbar wie jede Kostbarkeit. Die Übung dieser Schweigepflicht war nun so alt geworden, daß sie nicht mehr brach. Und doch, wie einfach wäre es gewesen und hätte vielleicht helfende Dienste getan, als das große Kind ihrer bedurfte. Eines Tages hätte es dieser schönen und unglücklichen Frau an einem entscheidenden Punkt ihres verworrenen Lebens gewiß geholfen, wenn sie erfahren hätte, aus welchem Gewebe der Schleier war, der mich umhüllte. Das Schweigen ist keine Tugend, keine so gute wie man ihm so gern nachsagt.

Ich verlor sie später lange Zeit aus den Augen, und es war die Zeit, in der ihr Untergang sich vollzog. Ihr Mangel an Gleichgewicht brachte sie zu Fall. Ihre Gesundheit wankte. Ihre Ehe zerbrach. Sie litt unter zwei Zwangsvorstellungen unerträglich: der Angst vorm Altern und der Angst vor dem Verarmen. Mit einer Einbildungskraft, die wir in der Kindheit zusammen ausgebrütet hatten, hörte sie nicht auf, sich als welke, im Stich gelassene Greisin bettelarm auszumalen. Keiner hielt sie im Arm, hielt ihr das Herz in der Hand. Sie war ihren törichten und schablonenhaften Vorstellungen ausgeliefert. Von ihnen zu Boden gezerrt, keinen Tröstungen mehr offen, hielt sie es nicht mehr aus und machte als noch immer schöne, noch nicht vierzigjährige Frau dem Leben, das mir so kostbar gewesen war, ein Ende.

Wer einmal lügt

Ich log gern. Es ist anzunehmen, daß Kinder von Natur aus überhaupt kein Verhältnis zur Wahrheit haben. Viel eher unterhalten sie ein enges Verhältnis zur Verstellung – einmal, weil diese das Leben bunter macht, und dann weil es gilt, einen Schutz gegen die Übergriffe der Großen zu schaffen, und die Verstellung ist oft der einzige.

Die Übergriffe und Vergewaltigungen der Welt bedeuten eine Tyrannei, vor der die Betroffenen Grund haben, sich zu schützen, so gut es eben geht. Das Kind verfügt nur über geringe Mittel dazu und kann nicht wählerisch sein. Daß der Schutz durch die Lüge, in der Regel fehlerhaft durchgeführt, beileibe kein ausreichender, ja ein überaus gefahrenvoller ist, wird nicht vorher erkannt und kann erst durch lange und böse Erfahrungen begriffen werden.

Freilich waren mit dem Lügen schlimme Gefahren verbunden. Die Großen hatten sich in den Kopf gesetzt, es nicht und nie und unter gar keinen Umständen zu dulden; es sollte ihre eigene Domäne bleiben. Als eine ihrer tückischsten Waffen hatten sie den Spruch »Wer einmal lügt dem glaubt man nicht und wenn er auch die Wahrheit spricht« geprägt und führten ihn sattsam im Munde. Das war eine Totschlägerkeule, mit der sich einiges anfangen ließ. Die Kunst, sich auf Lügen nicht ertappen zu lassen, bedingt einen Schatz von Erfahrungen, die das Kind sich erst allmählich erarbeitet. Manche gewinnen ihn eher und werden dann frühreif genannt, manche später; viele aber vermöge ihrer kindlich-tierhaften Natürlichkeit nie, und auch wenn sie erwachsen sind, leisten sie darin nichts Erkleckliches.

Dann und wann also wurde man auf einer Lüge ertappt, und alsbald trat das Sprüchlein in Kraft. In unserem Haus bestand ohnehin die Neigung, Verfehlungen unter ein gigantisches Vergrößerungsglas zu rücken, und namentlich, ihnen charakterlichen Rang nebst dem Attribut der Unabänderlichkeit zu verleihen.

Hatte man ein Stück Zucker genommen, so diskret es eben anging, um aus einer solchen Mücke von Wunsch keinen Elefanten zu machen, so wurde dennoch dafür gesorgt, daß ein Elefant daraus wurde: man war schlechtweg ein Bursche, der mein und dein nicht unterscheiden konnte, mit dem Akzent, daß man ein Dieb war und solches Diebsein etwas Unaufhebbares war wie Negersein.

Suchte man sich aus einer Klemme zu befreien, indem man eine Kunst der Berichterstattung übte, die um Gefälligkeit bemüht war und das Element des Tragischen zu umgehen trachtete, so wurde man als »durch und durch durchtrieben« gebrandmarkt, wobei mir die dreimalige Wiederholung der Vokabel »durch« auf die Nerven fiel. Solche Methoden der Beurteilung beeinträchtigten den Sinn für gesunde Proportionen, und es war fast ein Wunder, wenn er sich später aus eigenem wieder zurechtrückte, obwohl auch da seitens der Außenwelt bedeutende Anstrengungen gemacht wurden, ihm sein Leben ganz auszuwringen.

Ohne eigentlich an Neigung zum Lügen einzubüßen, wurde ich mit der Zeit ein schlechter Lügner, weil ich die fatale Eigenschaft annahm, beim Lügen zu erröten. Das geschah nicht aus moralischen Motiven wie der verletzten Wahrheitsliebe, dem Gewissen oder der Scham, sondern aus Nervosität. Es beweist, daß zum Lügen außer der technischen auch eine konstitutionelle Begabung gehört, und wo sie fehlt, ist der Reinfall nahe.

Das Erröten führte zu absurden Situationen, an denen der Fluch »...dem glaubt man nicht« sich erfüllte. Es kamen Fälle vor, in denen ich vollkommen schuldlos war; aber doch, ins Verhör genommen, aus Nervosität errötete. Dies galt dann als sonnenklare Überführung. Mit gerecktem Zeigefinger wurde auf mich gewiesen: »Seht, wie das böse Gewissen aus ihm spricht!« Oft auch wurde die pathetische Formel »Die Sonne bringt es an den Tag!« hinzugefügt, auch wenn sie gar nicht schien.

Nach kurzer, scharfsinniger Abwägung der Chancen kam ich mehr als einmal zu dem Entschluß, eine in Frage stehende Schuld auf mich zu nehmen. Der Logik der Erwachsenen wurde der nämliche Fraß hingeworfen, nach dem sie verlangte; mein Eingeständnis war glaubwürdiger als die Abstreitung, der Makel der Schuld war immer noch weniger fürchterlich als der Makel der Lüge. Von allen Seiten betrachtet und gewogen, war der Handel noch leidlich verständig und relativ am gefahrlosesten gewesen und brauchte nicht bereut zu werden.

Was an der Rechnung nicht aufging, das Leiden in Unschuld, rechnete ich gegen Posten auf, bei denen es umgekehrt verlaufen war, denn solche kamen ja auch vor.

Rührung

Die zur Mutter gemachte Tante und ihre zwei Töchter, diese drei waren eine Gesellschaft voller Rührung. Es war ihr vorherrschender Zug und der einzige, der sie vollkommen einte, unter ihnen Frieden stiftete und sie voreinander duldsam stimmen konnte.

Einen Nachmittag hielt die alte Dame ohne jeden ersichtlichen Grund einen älteren einfachen Mann auf der Straße an, der mit einem Bündel auf dem Rücken, vielleicht war es ein Rucksack, des Weges kam, und sprach zu ihm, indem sie bereits mit den Tränen kämpfte, die Worte: »Mein Gottchen ja, nun kommen Sie so von der Arbeit des Abends friedlich nach Hause... Ja, nicht wahr...?«

Sie hätte ihm fast die Wange getätschelt, aber etwas in der befremdeten Miene des Angeredeten ließ sie wohl innehalten, und erschrocken machte sie sich von dannen. Sie hatte es gut gemeint, aber etwas lag noch hinter diesem Wohlwollen, das der Mann mit einfachem Instinkt vielleicht durchschaute: er mochte sie für bloß verrückt halten, vielleicht aber auch für hochmütig. In der Tat war es im Grunde ein Akt der Anmaßung und lief auf eine demütigende Bemitleidung des andern hinaus, aber das wußte sie selber nicht, um so weniger, als auch gar kein Grund dazu vorlag.

Sie war eine sehr stattliche Erscheinung, in einen hochteuren Pelzmantel gehüllt, und etwas Ärmliches und Bescheidenes forderte bereits ihre überhebliche Sentimentalität heraus. Schon der Ausdruck »kleiner Mann« brachte ihr rührseliges Gemüt in Wallung.

Ihre beiden Töchter hatten das geerbt. Hanna wachte eines Morgens in Tränen gebadet auf: sie hatte von einem gleichfalls »kleinen Manne« und redlichem Familienvater geträumt, den kurz vor Weihnachten irgendein Mißgeschick getroffen hatte und der die Worte vor sich hin geseufzt hatte: »Da können wir ja gar kein Weihnachten mehr feiern.« Das war zuviel für ihre Nerven gewesen, selbst im Traum.

Als sie den Traum erzählte, weinte Valeska desgleichen, weniger über den kleinen Mann im Traum, als über das gute Herz ihrer sonst so ungeliebten kleineren Schwester, sowie auch über sich selber, daß sie solcher schwesterlichen Regung fähig war, über das gute Herz der Kleinen zu weinen.

Was mich selber betraf, der ich in der Regel still und in mich gekehrt war, so konnten sie zuweilen alle drei vor lauter Rührung über diese meine entwaffnenden Eigenschaften in ganz grundlose Selbstvorwürfe ausbrechen, welche die alte Dame in die Worte kleidete: »Eines Tages werden wir noch über ihn bittere Tränen vergießen!« Sie meinte damit keine Tränen der Bitterkeit oder des Grams, sondern reine Zähren der Reue, mich nicht mit genugsam liebevollen Augen betrachtet zu haben.

Wenn ein Kindermädchen schied, aus welchem Grunde auch immer, und das geschah häufig, so setzte ein Abschiedsweh ein, das sich, war die Scheidende dann den Augen entschwunden, bis zu einer Art von Heiligsprechung steigerte. Ich selber blieb nicht von der Krankheit verschont, jedwede Abschiede tragisch zu nehmen und, ob es ihnen zukam oder nicht, sie in irgendeiner Form zu beseufzen und zu besinnen, was mich unvernünftig viel Seufzen und Sinnen kostete. Denn tagaus, tagein gab es Abschiede in den erdenklichsten Formen. Ich schlendere an einem Mann vorüber, der auf einer Bank sitzt. Gut, was ist dabei? Ach, viel. Sekundenlang treffen sich unsere Blicke. Es ist noch keine Freundschaft gewesen, nicht einmal eine Bekanntschaft, was mich mit dem Manne verbindet, aber doch eine Begegnung, und nie nie würde sie wieder stattfinden. Das stimmt mich nachdenklich, wehmütig, es bedrückt mich. Es ist nicht das allergeringste an dem Mann, was mich hätte sonderlich beschäftigen können, nichts als dies: wir sind einander begegnet, und wir trennen uns nun für immer. Unser Blickewechseln ist ein Abschied fürs Leben. Ich sage ihm in dieser Sekunde Lebewohl auf ewig. Vielleicht sagt auch er mir Lebewohl, doch wahrscheinlich ist er zu gedankenlos dazu. Gleichviel, eine Rührung durchgeht mich. Abschied ist etwas Trauriges.

Auf diese Art fehlte es mir an überflüssigen Emotionen nicht. Nur gut, daß alle solche Abschiede rasch wieder vergessen wurden. Was hätte sonst daraus werden sollen? Mein Gedächtnis wäre ein Friedhof geworden, der von leeren Erinnerungen moderte.

»Hartes, trockenes Brot mit Tränen essen«, das war so recht eine Vorstellung nach den Herzen der drei weiblichen Wesen unserer Familie. Ja, unter Umständen genügte schon der Gedanke an trockenes Brot in Verbindung mit jemandem, der Rührung verdiente, und wenn man bei ihnen Sympathie oder gar heiße Mitleidswallung wecken wollte, so genügte dazu schon dieser oder sonst irgendein gleichwertiger Ausdruck. Ähnlich stand es mit Bezeichnungen wie »ein blasser junger Hilfslehrer« oder »ein Ladenfräulein mit großen verängstigten Augen« oder »ein obdachloser Greis« – dergleichen warf sie um.

Eins unserer Kindermädchen erwies sich als kränklich, und obwohl wir alle ihm nicht recht gewogen waren, kam eines Tages das Wort auf: »Sie hat nicht viel von ihrem armen kleinen Leben«, und: »Eines Tages werden wir vor ihrem Grab knien«, was zwar nicht hinderte, daß sie weggeschickt werden mußte, aber unter wehmütig nachgeweinten Tränen.

Seltsamerweise kam alle diese Sentimentalität immer nur

vor Fiktionen, aber kaum jemals vor Fakten auf, so daß beispielsweise, als unsere Köchin Alwine sich erschoß, dies fast gar kein Mitgefühl erweckte oder ein klein wenig Rührung nur über die Tatsache, daß sie zuvor ihre »einzige gute Bluse, eine rotseidene« angezogen hatte. Auch fingen wir einmal an, »Alwine erschießt sich« zu spielen, was uns allerdings gleich verboten wurde.

Die Behauptung, die Valeska eines Tages zu Gehör brachte, Hanna habe eine Stupsnase – was übrigens stimmte –, war keineswegs frei von Gehässigkeit; nachdem sie aber ihren Dienst getan, der Kleinen einen Wutanfall zu entlokken, ging die Unheilstifterin dazu über, eben diese Stupsnase zum Weinen rührend zu finden, was die Betroffene aber nicht versöhnlicher stimmte. Zu allem Überfluß ging diese Rührung über die Stupsnase dann unvermittelt, statt in Tränen, in einen irren Lachkrampf über – was bei ihr wohl überhaupt das einzige Mittel war, ihre Rührungen wieder loszuwerden.

Die Fräuleine

Wir hatten Kindermädchen in Mengen. Einige blieben lange und verwuchsen mit uns, bis der Tag der Trennung kam, meistens indem sie sich verlobten; andere gaben nur ein kurzes Gastspiel, denn die Herrin des Hauses tat nicht immer den richtigen Griff. Es kam vor, daß ein Frollein – wir nannten sie alle so – aus diesen und jenen Gründen schon gleich am ersten oder zweiten Tag das Feld räumen mußte. So war eine Dame brieflich auf Grund ihres gefühlvollen und herzlich überströmenden, gleichzeitig wohlgebildeten Schreibstils von auswärts engagiert worden; als sie eintraf, erwies sie sich als so über alle Maßen edelgekleidet, gepflegt, wohlduftend und weltdamenhaft, daß die Hausherrin, die schon allein was die Toilette betraf von ihr ausgestochen wurde, es mit der Angst bekam und sich mit ihr dahin einigte, daß es nicht die richtige Verbindung wäre. Zu allem Überfluß hatte sie auch noch ein »von« vor ihrem Namen, und es war häßlich und bestimmt höchst ungerecht, als sich nach ihrer Abreise das Gerücht erhob – niemand wußte woher es stammte –, daß sie eigentlich Leiberstunk geheißen habe, Katharina Leiberstunk, eine völlig alberne Fama, aus leerer Luft gegriffen und ohne die leiseste Begründung. Jedenfalls schwebte der überaus edle, nur vielleicht etwas zu viele Wohlduft, den sie an sich gehabt hatte, noch lange im Haus und war gar nicht wegzuschaffen.

Eines unserer Fräuleine wußte uns beizubringen, daß man, wenn man »nicht hörte oder folgte«, das Ohr ausgepustet bekommen würde, und stellte dies als das Entsetzlichste dar, was einem Kind zustoßen könnte. Oft wies sie auf einen imaginären Jungen namens Dieter hin, dem, weil er nicht »gehört« hatte, das Ohr ausgepustet worden sei und der nun »für immer hörte«, was sie wiederum so aussprach, daß ein ganzer metaphysischer Hintergrund darin mitschwang.

Dieses Mädchen liebte es auch, uns damit zu erschrecken, daß es sich, »um ihrem elenden Leben ein Ende zu machen«, einen Dolch in die Brust stieß. Es war ein Dolch aus einem Zauberladen, mit einer Scheinklinge, die beim Zustoßen in den Griff rutschte, so daß es aussah, als dränge sie in die Brust. Ich floh schreiend hinter einen Sessel, wohin die Selbstmörderin mir nachfolgte, um mir zu zeigen, daß der Dolch immer noch in ihrer Brust stak, indem sie ihn grauenvoll in der Wunde hin und her bohrte. Ich meinte den Schmerz deutlich mitzufühlen und war auch durch die spätere Preisgabe des Tricks kaum zu beruhigen.

Ein anderes Mädchen, Fräulein Minna, war »kleinfingerextraig«. So nannten wir die Gewohnheit mancher weiblicher Wesen, es gab aber auch Mannsbilder, die es taten, die beim Halten einer Tasse oder sonst eines Gegenstandes den kleinen

Finger weit abspreizten. Es geschah dies, damit es zierlicher aussähe, was wir nie einsehen konnten; die Extrahaltung des kleinen Fingers schien uns albern und lediglich dienlich, die Haltekraft der Hand zu verringern. Die Art, wie Minna es tat, war so geziert und auffällig, daß man davon zwanghaft verfolgt wurde und gar nicht wieder wegsehen konnte. Wir teilten daraufhin die Menschen in zwei Sorten ein, normale und kleinfingerextraige. Minna war überhaupt bestrebt, jederzeit gefällige Bewegungen zu machen und Form zu zeigen; nie ließ sie die Arme einfach herabhängen, sondern spreizte sie genau wie den kleinen Finger an der Hand vom Körper ein wenig ab, als sähe sie bewegt einer edlen Begegnung entgegen. Es lief bei uns bald die Behauptung um, sie habe zuvor einen Posten als Vorführdame in einem Korsettgeschäft gehabt.

Minna war auch dieselbe, die uns für das Auffinden und Ausreißen weißer Haare auf ihrem Haupt Geld zahlte. Es bekümmerte sie tief, daß solche sich vorzeitig bei ihr zeigten. Sie graulte sich vor dem Altern und gedachte in Bälde einen Eisenbahner, der in der Vorstadt einen Schrebergarten hatte, zu heiraten. Der Mann schien indessen zu zögern, sich zu erklären, und sie wollte ihm nicht durch ihre Ergrautheit das Stichwort geben, sie zu verschmähen. So bot sie uns einen Handel an: für jedes weiße Haar, das wir an ihr fanden und ausrissen, setzte sie einen halben Pfennig aus, oder mit anderen Worten, für zweie gab es einen Pfennig. Wenn man in Geldnot war, konnte man sich an sie wenden und sicher sein, etliches der begehrten Ware zu finden, fünf Pfennige waren bald beisammen, selbst wenn man diejenigen Haare, die sie nach strenger Prüfung nicht als genügend entfärbt anerkannte, wieder abzog. Der Ackerboden ihres Hauptes war zeitweilig so ergiebig, daß wir zu zweien darauf grasen konnten und doch auf unsere Kosten kamen.

Ein anderes Fräulein wurde eines Nachts nach Hause gebracht und hatte sich beim Rollschuhlaufen ein Bein gebrochen. Damals waren Rollschuhe eben erst aufgekommen, und Fräulein Gitta huldigte diesem Sport bis zur Leidenschaft. Für diejenigen, die nicht auf der Straße, aber noch am späten Abend laufen wollten, hatte sich eine Rollschuhhalle aufgetan, und hierhin hatte Gitta sich trotz des Verbots, außer an ihrem Ausgang abends wegzugehen, heimlich begeben. Sie wurde bei uns zwei Wochen lang gebettet, geschient, bedient und gepflegt, bis sie wieder gehen konnte; dann aber mußte sie gehen. Sie vermachte in einer Art Testament mir persönlich ihre Rollschuhe. Ich liebte aber das Rollschuhlaufen gar nicht, ich haßte es sogar.

Nachhaltig gefördert wurde unser Glaube an Gespenster, Raubmörder und die Mißhelligkeiten des Daseins durch Therese Bauch. Das war ein derbes, ältliches Mädchen – eben darum vertrauenerweckend und ausgewählt –, das aus Gmunden stammte, was sie mit unnachahmlich vorgeschobener Unterlippe nie unterließ, mit oder Anlaß, zu betonen. Sie war sehr um unsere Freiheit von Ansteckungen besorgt, deren sie allerorten welche witterte, und prägte uns unermüdlich ein: »Gihnder, drihnkt nihcht aus dem Drihnkbecher am Bahnhof, da grihgt ihr die Sifihlis!« Denn wir hatten uns angewöhnt, auf dem häufigen Weg in den Zoo am Dammtor durch den Bahnhof zu gehen und dort aus dem Becher ein Wässerlein zu trinken, das auf den Druck eines Knopfes hervorschoß, denn zu Hause gab es einen solchen Wasserdruckknopf ja nicht. Dieses Fräulein stak voller düsterer Geschichten halb krimineller, halb übersinnlicher Natur und wußte uns auf spannende Weise nahezubringen, was in ihrer Heimat (Gmunden) ein Verbrecherpaar angerichtet hatte, das »ein gewisser Fingerhut und ein gewisser Abendrot« hieß, zwei Leute von ähnlicher Undeutlichkeit wie unser Gespensterpaar Lippe und Bußmann, daher es denn auch mit ihm eine Art Verschmelzung einging. Ein gewisser Fingerhut und ein gewisser Abendrot waren so weit gegangen, Mädchen im Gehölz zu überfallen und ihnen nicht nur den Bauch aufzu schlitzen, nein, auch noch die Zöpfe abzuschneiden, und dies vorwiegend in den Monaten April und Mai.

Es gab ferner ein Fräulein, welches für ihr Leben gern schlief und es gar nicht abwarten konnte, ins Bett zu kommen, manchmal schon bevor ihre Pflichten voll getan waren, und sie hatte sich angewöhnt, die ersehnte Stätte aufzusuchen, ohne oberen Ortes Bescheid zu sagen. Dies wurde ihr verwiesen, und zwar just am Vorabend einer Gesellschaft, die im Hause stattfand. Als nun die Gäste zu Tisch saßen und man sich eben an den Braten machte, huschte unser Fräulein verwirrt und ängstlich herein, fand ihren Weg nicht etwa zur Dame, sondern zum Herrn des Hauses und flüsterte dem großen alten Häuptling in der verblüfften Stille, die sich gebildet hatte, verheißungsvoll und vernehmlich ins Ohr: »Ich geh dann derweil schon ins Bett!« Es war aber im übrigen ein braves Mädchen, dem keinerlei Fehl nachzusagen war, wenn man die Schlaflust nicht als solchen ansieht. Sie hatte, was gar nicht zu ihrer Bettsucht passen wollte, bemerkenswerte turnerische Fähigkeiten und liebte es, plötzlich ein Bein hoch über meinen Kopf wegzuschwingen, im Stehen, oder jemandem, der Köchin etwa, die überhaupt nicht für derlei zu haben war, aus heiterem Himmel ihre Wade auf die Schulter zu legen, obgleich sie ein gutes Stück kleiner war als diese Person. Im Übermut vergaß sie sich einmal so weit, dasselbe mit dem Briefträger zu machen, bekam aber darüber einen furchtbaren Schreck und lief davon, und später bat sie Hanna und mich, die wir es als einzige gesehen hatten, flehentlich, es nicht weiterzuerzählen.

Sie hing an uns, und ich habe selten einen Menschen so herzzerreißend weinen sehen wie diesen, als sie nach Hause zurückgerufen wurde, um ihrer Mutter in der eigenen Wirtschaft zu helfen. Es war aber, dies wurde mir erst nach ihrem Weggang klar, nicht so, daß der Abschied vom Hause Matupi und unserer Familie ihr das Herz brach, sondern der Abschied von Hanna. Sie hatte ganz einfach ihr Herz an den kleinen Löwen verloren, nur zu verständlich, und es kam auf rührend hilflose Weise in zwei Briefen zum Ausdruck, die sie schrieb, einen an unsere Mutter und einen an den Löwen, der noch gar nicht lesen konnte und den ungewöhnlichen Gruß unter Fortlassung der glühendsten Wendungen vorgelesen bekam.

Ich hatte mit meiner Leidenschaft einen stillen Teilhaber gefunden, der nur rasch und verwirrt wieder ins Dunkel zurücktrat.

Gesichtertragen und Zungenreden

Hier aufs Geratewohl das Beispiel einer ernsten Unterhaltung, die der Löwe und ich plötzlich anfangen und stundenlang fortspinnen konnten:

»Wann läßt du dein Gesicht wieder erneuern? Es scheint mir hoch an der Zeit.«

»Ach ja, die leidige Gesichtsfrage! Ich weiß, die Sorte hat sich mäßig getragen und nicht recht bewährt.«

»Wo war es gekauft?«

»Bei Tietz, man sieht's. Mir wurde versichert, die Marke sei besonders haltbar, bliebe gut und gern zehn Wochen heil. Und was ist? Noch keine sechs sind um und es franst schon aus. Die Lippen sind ganz rissig und lose. Zeiten sind das!«

»Wahrhaftig, Zeiten! Ich hatte das letztemal auch Ärger. Bei Todt war eine neue Sendung frischer Gesichter angekommen, die mir sehr empfohlen wurden. Der Direktor kam persönlich, mich zu bedienen. Schläfen wie gemeißelt, Handarbeit; keine Sprödigkeit der Lippen, keine Tränensäcke, Nasenlöcher leicht gebläht. Und nicht billig! Was soll ich dir sagen? Nach vierzehn Tagen sahen beide Schläfen wie Baumrinde aus und die Nüstern ausgeweitet wie Knopflöcher. Ich mußte endlos damit herumlaufen.«

»Ob es nicht das beste ist, man kehrt zu den ganz billigen Zweitagegesichtern zurück? Da weiß man, woran man ist, und hat keine Enttäuschungen.«

»Daran hab ich auch schon gedacht. Aber mein letztes Zweitagegesicht, das von Gebrüder Schönbohm, wurde schon am selben Nachmittag gelb, und am nächsten konnte ich mich einfach nicht mehr damit blicken lassen, ich sah so aus wie Lippe und Bußmann, die tragen das ja immer. Als ich mich beschwerte, sagte der freche Kerl von Verkäufer, ich hätte es zu feucht werden lassen, außerdem ging es bei elektrischem Licht noch sehr gut, und für den Preis könne man nicht mehr verlangen.«

»Das Dumme bei den Kurzgesichtern ist ja, daß man immer so bald wieder neu einkaufen muß, wo doch Zeit so knapp ist und man so viel zu tun hat. Auf Vorrat geht auch nicht, die Dinger werden gammlig, außer man tut sie in den Eisschrank.«

»Was ich am meisten hasse, sind die Blasen auf den Lippen! Es gibt Sorten, da sind die Lippen nichts wie Blasen. Und dann kommen sie mit diesem gräßlichen Glyzerin und foltern einen damit.«

Dies bezog sich auf die Sitte des Hauses, gegen Sprödigkeit der Haut just dasjenige Einreibemittel zu verwenden, das am qualvollsten brannte.

»Gerade gestern sprach ich mit Luzie. Sie schwört auf eine Marke, die Klimsbariteia heißt und vier Wochen hält. Bloß, wenn die vier sagen, sind's bestimmt nur drei. Es gibt sie in der Adler-Apotheke. Luzie ist sehr zufrieden. Nicht ein Mitesser, sagte sie. Müßte man mal versuchen.«

»Wenn die einen bloß erst Geld verdienen ließen! Dann kaufe ich mir ein Dauergesicht wie Onkel Max es hat. Natürlich ohne Bart. Kostet ein Vermögen, aber dann ist man die Sorge los. Es gibt auch welche zum Bartauswechseln: Voll-, Spitz- und Backenbart. Mal mit, mal ohne.«

So ging es endlos weiter. Vermutlich sprachen wir, wenn

auch geschraubt und mit ernsthaft gefurchten Stirnen, aber denn doch nicht so gewählt; oder die Schraubungen wurden zwar versucht, aber nicht so gemeistert wie hier wiedergegeben. Wir waren noch nicht im Schulalter, als wir mit diesen Gesichtsbetrachtungen anfingen; später wurden sie noch raffinierter, büßten aber auch an Ursprünglichkeit ein. Wir förderten immer neue Variationen des Themas zutage, und es kostet Mühe, ihre Wiedergabe abzubrechen; sie waren uferlos. Mühelos erfinderisch waren wir, denn wir waren Künstler, und schon lag die Zeit hinter uns, da eine nette Besucherin uns als Engelsgemüse bezeichnete.

Nicht alle Spiele waren so beweglich wie jenes. Da war das blödsinnige Spiel »bitte grün«. Ich kann auch heute noch nicht herausfinden, warum wir es trieben und welches der Reiz daran war. Es grassierte bei uns die Gepflogenheit, einander jäh und aus heiterem Himmel etwas Grünes abzuverlangen. Auf die plötzliche Aufforderung »bitte grün!« mußte der Angerufene in der Lage sein, irgend etwas von grüner Farbe, das er bei sich trug, vorzuweisen. Konnte er es nicht, so hatte er verloren. Was verloren und wieso? Niemand hat es je gewußt.

Dies artete zu einer Krankheit aus. In Ermangelung anderer Lebenssorgen (aber wenn man's bedenkt, hatten wir genug Lebenssorgen!) nahm man die grüne Nötigung ernst und war täglich und stündlich dessen eingedenk, daß man mit etwas Grünem versehen sein müsse, um den Erfordernissen des Tages Rechnung zu tragen. Wenn ich daran zurückdenke, will es mir nicht in den Kopf. Wahrscheinlich sind viele modische Forderungen der Erwachsenen auch nicht verständiger. Aber daß hoher Sinn oft in kindischem Spiel läge, ließe sich aus diesem schwerlich ableiten.

Ein schöner und anregender Zeitvertreib, dem der Löwe und ich gern huldigten, war das Sprechen in fremder Zunge. Dies ist beileibe nicht einfach. Man sollte meinen, das Hervorsprudeln vollkommen willkürlich erfundener Laute ohne Regel und Sinn sei etwas, das jedem ohne weiteres gegeben wäre. Dem ist aber nicht so; es ist vielmehr eine Kunst.

Wir übten sie mit Fleiß und oft schöner Virtuosität. War es doch mit bloßem Quatschen nicht getan. Das Ganze muß zungengeläufig und inhaltsvoll klingen. Eine zwanglose Abwechslung der Phantasielaute muß gewahrt werden, doch darf man wiederum nicht krampfhaft danach suchen. Der Redefluß darf nicht unnatürlich, sein Klang nicht erfunden anmuten.

Zungenreden war es, was wir trieben. Einmal versuchten wir, einer Schneiderin, die im Hause arbeitete, vorzumachen, jetzt sprächen wir portugiesisch, jetzt russisch, nun und jetzt wollten wir es ein bißchen auf arabisch tun, grad so zur Abwechslung. Das gütige Ding tat, als ob es uns Glauben schenkte und bewunderte unsere Sprachfertigkeit über die Maßen. Ich traute ihr aber nicht ganz.

Informationsdienst, Schule der Vorsorge

In unserer von so vielen Zwisten erfüllten Kinderstube gab es eine Gelegenheit, bei der wir gewissenhaft füreinander eintraten. Wir trafen bestimmte sehr fein durchdachte Maßnahmen zur Vorbereitung unserer Geburtstage.

Damit ist nicht gemeint, daß wir uns gegenseitig feierten oder beschenkten. Wir trafen vielmehr Vorsorge, die darauf abzielte, daß die anderen, die Großen, namentlich die Verwandten unsere Geburtstage zur Kenntnis eingehämmert bekamen.

Wir lebten in einer wahnsinnigen Angst, einer unserer Geburtstage könnte von jemandem, der verpflichtet war, an ihn zu denken, vergessen werden. Um dieser Gefahr vorzubeugen, bedurfte es einer Maßnahme: die Betreffenden mußten gemahnt werden, und zwar rechtzeitig, etwa zwei bis vier Tage vorher. Zu früh taugte wenig, da die Vergeßlichkeit der Welt ja so groß ist, und der Vorabend taugte kaum besser.

Aber so einfach war die Maßnahme nun nicht. Sie war vielmehr mit schwierigen Problemen sowohl des Taktes wie der Taktik verbunden. So entwickelte sich aus bescheidenen Anfängen eine komplizierte und durchkonstruierte Disziplin mit feststehenden Spielregeln und Methoden, die wir knapp gefaßt das »Anbringen« nannten. Damit war der Begriff des Unauffälligen, taktvoll nur Angedeuteten ausgedrückt. Man brachte die Sache nicht einfach vor, derlei Plumpheit wiesen wir weit von uns, sondern man brachte sie an.

Es mußte dabei so diplomatisch vorgegangen werden, daß der Angeredete nicht entfernt auf den Verdacht kommen konnte, man habe ihn mahnen wollen, sondern der Anschein mußte erweckt werden, als ergebe sich das Thema völlig zwanglos und unbeabsichtigt aus dem jeweiligen Gespräch.

Dies erforderte bedeutende Geschicklichkeit in der Gesprächslenkung sowie eine Übung, die sich natürlich von Jahr zu Jahr steigerte.

Die Rollen wurden dabei sorgfältig verteilt. Grundlegend war das Prinzip der Gegenseitigkeit, doch wurde eine Anbringung auch zu einem vereinbarten Lohn regelrecht bestellt und bezahlt, etwa in Form einer Beteiligung an dem dank der Anbringung erzielten Geburtstagsgeschenk, wenn dieses teilbar war. Der Preis war manchmal ziemlich hoch, er konnte ein Zehntel vom Inhalt einer Schachtel Pralinés betragen. Im allgemeinen galt die Regel, daß eine Anbringung am tunlichsten von demjenigen vorzunehmen sei, der bei dem betreffenden Onkel am besten angeschrieben war und am ungezwungensten mit ihm umgehen konnte. Natürlich handelte es sich ebensogut um eine Tante oder sonstwie wichtige Person, eine VIP; aber nennen wir die Figur, die anzusprechen war, der Einfachheit halber immer Onkel. Meistens war dies aber auch ein Onkel, nämlich der gutmütige Onkel Max, der an Matupi mitbeteiligt war und sich gern als einen »Südsee-Pionier« verstand.

Zum Vorwand, ein Gespräch in die richtige Bahn zu lenken, konnte alles und jedes Thema dienen, keines war so entlegen, daß es nicht hätte herhalten können. Jedoch verlangte die Spielregel, daß es nicht herbeigezerrt, sondern ungezwungen und wie zufällig wirken mußte. Ein paar Beispiele aus unserer Praxis:

Hanna: »Ich muß mal zu Luzie rüber, aber zu dumm, daß ich das Rad nicht nehmen kann, nein wirklich zu und zu dumm!«

Onkel: »Ist es denn kaputt?«

Hanna: »Das nicht.« Pause, um es spannender zu machen. »Aber ich hab die Klingel abgeschraubt.«

Onkel, ahnungslos: »Klingel ab? Warum denn?«

Hanna: »Ich brauch sie doch Donnerstag.«

Onkel: »So, du brauchst sie Donnerstag.« Er ist begriffsstutzig.

Hanna: »Ja, Donnerstag.«

Onkel begreift noch immer nichts.

Hanna, ungeduldig: »Etwas muß ich Martin doch schenken. Da hab ich an die Fahrradklingel gedacht, seine ist ja ganz weggerostet. Türlich muß ich ihm was schenken. Donnerstag hat er ja Geburtstag.« Das letztere nur so ganz leichthin hingeworfen.

Bei Onkel fällt der Groschen.

Oder:

Eduard läßt sich wie folgt vernehmen: »Onkel, meinst du, Frollein kann Montag wieder aufstehen?« (Fräulein Else, die keine Gelegenheit ausließ zu fallen, zu stolpern, umzuknikken, sich zu stoßen, war lang hingeschlagen und hatte sich verletzt).

Onkel: »Montag? Das glaube ich kaum. Es ist eine Sehnenzerrung.«

Eduard, verzweifelt: »Aber was soll denn da bloß werden! Gerade Montag!« Er glotzt hilflos vor sich hin. Onkel geht endlich in die Falle: »Warum soll sie denn gerade Montag aufstehen?«

Eduard: »Montag, da hat Vally doch Geburtstag!«

Was übrigens Valeska betraf, Vally also, so hatten wir es leicht, als wir erfuhren, daß die Elefantin Wally im Zoologischen Garten im selben Monat wie sie Geburtstag hatte. Vally liebte die Namensparallele zwischen ihr und der Elefantin sonst nicht, war aber einverstanden, daß sie zur Anbringung benutzt wurde, und fortan wurden den ganzen März hindurch ausschweifend von den bevorstehenden Ehrentagen beider Vallys geredet.

Hanna: »Du darfst zu Eduard nur noch bis übermorgen Fips der Affe sagen. Dann nicht mehr.«

Onkel: »Gut, werd ich noch bis übermorgen Fips der Affe zu ihm sagen.«

Das war Halsstarrigkeit. Manchmal wollten die Leute nicht begreifen. Dann mußte scharf durchgegriffen werden.

Hanna: »Wir würden ja noch weiter Fips der Affe zu ihm sagen, aber er wünscht sich zum Geburtstag, daß er nicht mehr so genannt wird, und der ist übermorgen.«

Das war prima, ihr kaum zuzutrauen. Ich selber war zu dieser Aufgabe nicht begabt, nie wollte mir etwas Gutes einfallen. Ich huldigte einem unklugen Perfektionismus, brütete und feilte lange an unfehlbaren Methoden, und was dabei herauskam, war oft kläglich. Jedoch gelang mir einmal dieser Coup:

»Eduards Markensammlung wird immer wertloser, er ist ja so schußlig und verliert dauernd Marken. Aber ein Wunder ist es nicht; ohne Album kann man keine Marken sammeln, da liegen sie herum und gehen verloren. Na, Gott sei Dank hat er ja Freitag Geburtstag.«

Auf eine vorzügliche Variante, die mir erst später zu Ohren kam, verfielen wir bei all unserer Schläue nie. Sie besteht aus dem Dankbrief: »Lieber Onkel, bitte entschuldige, daß ich mich erst heute für Dein liebes Weihnachtsgeschenk bedanke. Es tut mit sehr leid, und ich verdiente wirklich, daß Du mir deswegen diesmal nichts zum Geburtstag schenktest, der nächsten Dienstag ist.«

Maulfaulheit

Ich war auf den Mund gefallen, aber bei Geldstrafen wurde mir verboten, schweigsam zu sein.

Wir hatten ein Taschengeldsystem, welches als Ahndung für Vergehen Abzüge vorsah. Wir bekamen grundsätzlich eine Mark im Monat. Grundsätzlich – aber wir bekamen sie nicht. Wenn Verstöße gegen die zahlreichen kleinen und kleinsten Regeln und Fallstricke des Hauses vorkamen – und es war unmöglich, daß keine vorkamen –, dann wurden hier fünf Pfennig, dort zehn oder fünfzehn, dann und wann zwanzig oder gar fünfundzwanzig in Abzug gebracht. Ja, es kamen Fälle von Entzug des halben und endlich des ganzen Monatsgeldes vor und, wenn die Vergehen sich häuften, auch Vorausabzüge für den folgenden Monat. Es war »denen« egal, ob man seinen Verpflichtungen noch nachkommen konnte.

Nun war es so, daß den Großen die Schweigsamkeit, die in meiner Natur lag, auf die Nerven fiel. Sie hatten in dieser Beziehung – und auch in mancher anderen – empfindliche Nerven. Ich war weder artiger noch ungezogener als recht und billig, ich exzellierte nicht durch Musterhaftigkeit, und mit meinen Lastern stand es noch leidlich. Ich war in diesem Punkte medioker. Nun sieht man aber lebhaften Kindern Unarten als natürlichen Ausdruck ihrer Kindlichkeit und ihres Temperamentes williger nach als schweigsamen und stillen: diesen werden sie mit viel breiteren Strichen angekreidet als jenen. Mir jedenfalls erging es so; es scheint aber auch allgemein üblich zu sein. »Der Junge verbirgt etwas«, hieß es. »Der Junge hat einen versteckten Charakter. Seine Maulfaulheit ist schon ungezogen. Er verheimlicht etwas, das ist klar, diese Heimlichtuerei, die grenzt ja an Hinterlist!« Solches und ähnliches ging in ihren Köpfen vor. Zudem kam die Forderung auf, man solle früh lernen, sich gesellig zu benehmen, und hierzu gehöre das Gespräch.

Es war mir ein Alpdruck. Mir fiel im Gespräch nichts ein. Vorstellungen fruchteten da nichts. In meinem Kopf war es leer wie in einer tauben Nuß, sobald ich den Entschluß faßte, zu plaudern. Es war nicht nur das Pflichtgefühl und der Gehorsam, es war sogar der eigene Ehrgeiz dazu vorhanden. Es nistete sich in mich ein, daß ich mich in kühnen Zukunftsträumen als einen Ausbund weltmännisch geselliger Plauderkunst erlebte. Ich sah mich gern in einem Salon sitzen, die Beine übereinandergeschlagen, eine Zigarette nachlässig im Mund, wie ich ein Bonmot nach dem andern in eine Gesellschaft lieblicher Damen jagte, die um mich geschart waren und an meinem Munde hingen, von Zeit zu Zeit in helles Gelächter ausbrechend und andere Gäste aus dem Nebenzimmer herbeiwinkend, sich diesen charmanten Lebemann nicht entgehen zu lassen. Das waren verwegene Träume, nichts sonst, Träume und Schäume. In Wirklichkeit fiel mir nichts, durchaus nichts ein, und wenn mir schon einmal etwas einfiel, wußte ich die Worte nicht zu finden noch zu setzen, um es zu sagen.

Man gab mir auf, bei Tische zu reden, gleichgültig, was. »Rede«, sagte man zu mir, »erzähl was. Sitz nicht da wie ein Schellfisch.«

Trotz der Großzügigkeit der Aufgabenstellung wollte mir nichts gedeihen, jedenfalls nichts, das wert gewesen wäre, die Zähne voneinander zu tun. Fern sei es von mir, meine Schweigsamkeit als eine Art von Tiefsinn hinzustellen. Sie war Trägheit der Gedanken. »Der Junge ist maulfaul«, hieß es. In dem Heftchen, worin die Strafen vermerkt wurden, stand in meiner Rubrik zu lesen: »Maulfaulheit, 5 Pfg.« oder »Tut wieder den Mund nicht auf, 5 Pfg.« oder »Redet bei Tisch kein Wort, trotz Ermahnung, 10 Pfg.«

Das Nichtreden war ein kostspieliges Laster.

Weil die Grenze zwischen Reden und Nichtreden nie klar überschaubar ist, wurde sie entschlossen gezogen. Es war mit einem »Die Soße bitte« nicht getan, sondern es mußte etwas Zusammenhängendes sein. Während einer Mahlzeit sollten mindestens zwanzig Wörter in richtiggehender Satzform dem Gehege meiner Zähne entrissen werden. Kamen diese nicht zum Vorschein, so stand es faul um meine Geldmittel.

Ich weiß nicht, ob dieser Feldzugsplan der pädagogischen Gabe meiner Stiefmutter oder des jeweiligen Fräuleins zu verdanken war. An erzieherischem Eifer ließen sie es nicht fehlen. Vermutlich wurde die Idee auf einer Konferenz zwischen ihnen geboren. Bestimmt hatte der alte Herr keinen Anteil daran, wie überhaupt die minderen Probleme der Kinderstube nie recht bis zu ihm hindrangen.

Es wechselten die Höhe der Strafe, die zwischen fünf und zwanzig Pfennigen schwankte, je nach der Lasterhaftigkeit des Eindrucks, den meine Schweigsamkeit machte, wie auch das Maß der vorzubringenden Wörter, das sich von zehn oder zwölf oder zwanzig, einem noch bescheidenen Quantum, bis zu der phantastischen Fülle von hundert bewegte, einem Wortschwall, den zu zählen ja doch niemand in der Lage gewesen wäre. Eins der Fräuleine, das zu gehobenen Gedankengängen neigte, schlug sogar einmal die Anzahl von 365 Wörtern vor, für jeden Tag im Jahr eins.

Es geschah aber, daß ich verstockte. Ich saß da »wie ein Schellfisch«. Es half auch nichts, daß ich mir vorher Stoffe und Redewendungen zurechtlegte und ausarbeitete, wie ich es später noch methodischer vor Zusammenkünften mit Leuten tat, bei denen man nicht wußte, was miteinander zu reden wäre.

Die allgemeine hämische Aufmerksamkeit, die sich bei Tisch meinem zu erwartenden Redefluß zuwandte, erstickte meine immerhin guten Vorsätze im Keim. Sie raubten mir die Unbefangenheit, und das entschied. Ich genierte mich, den Mund überhaupt noch aufzutun. Ich schmiedete Sätze mit einwandfreier Wortstellung und verwarf sie als dumm, bevor ich die erste Silbe ins Freie setzen konnte, ganz ähnlich wie es die Schriftsteller beim Dichten machen. Ich war dem lähmenden Laster des Perfektionismus verfallen. Alles in mir gerann und versteifte. Es wurde zum Trotz. Ich sprach nicht, ich schwieg, und mein Schweigen klang, als ob es etwas Hinterhältiges hätte.

Taten nun aber die anderen etwas, um meine Beredsamkeit zu wecken, meine Stummheit zu lockern? Doch, sie taten! Wenn ich aus der Schule kam, wurde ich immer wieder vor die Frage gestellt: »Wie war's in der Schule? Erzähl doch mal!«

Was in aller Welt ließ sich da antworten? Ich zuckte die Achseln. Es gab nichts zu erzählen, die Schule war Tag für Tag das gleiche. Statt aber die Sache auf sich beruhen zu lassen, da sie doch sahen, daß es nichts gab, drangen sie weiter in mich zu sagen, wie es in der Schule »gewesen« sei. Nur selten fand ich eine dürftige und den anderen nicht einmal eingängige Läpperei, und sie herzusagen, schien mir eine Demütigung und war's auch.

Ich weiß nicht, bis wann sich die Verfolgungen wegen meiner mangelnden Mitteilsamkeit ausdehnten und wann sie verebbten und ein Ende nahmen. Ich weiß aber, daß sie Verklemmungen in mir anrichteten. Völlige Unbefangenheit beim Sprechen gewann ich zeit meines Lebens nicht, und ich glaube, daß noch heute mein Widerwille zur Konversation von jener Sprechnötigung in der Kinderstube herrührt.

Ich habe später erfahren müssen, daß Schweigsamkeit wirklich unliebsame Nachteile gebiert. Die Gefühle, die dem Schweigsamen, weil er für verschlossen gilt, entgegengebracht werden, schwanken zwischen Mißtrauen und Zudringlichkeit. Auf die Mißtrauischen macht er einen unbestimmt verdächtigen Eindruck, so als wälze er fortwährend Böses im Gemüt, auf die Zudringlichen aber den eines besonders geduldigen Zuhörers. Da unterliege ich denn der Plage, denen, die sich gern reden hören, als Abfallbehälter zu dienen, darein die Fluten ihrer Darlegungen sich ergießen. Mit Nachdruck und Ausdauer pumpen sie sie in mich hinein, Garne spinnend und Belehrungen verabreichend, die ich doch gar nicht hören will. Viele sinnlose, anstrengende Stunden habe ich im Leben schon an sie verloren.

Noch andere Laster

Noch manche Eigenschaften mehr machten sich bei mir als unerwünscht und tadelnswert geltend und verursachten mir finanzielle Verluste.

Eine von ihnen war die Eßlust, auch Freßgier, Gefräßigkeit oder Naschhaftigkeit genannt. Eine andere war die Sauberkeit, die in Zimperlichkeit ausartete. Meiner Furchtsamkeit ist zu gedenken, auch meiner Lust am Heimlichtun und Verstecken. Endlich setze ich die Neigung zum Hamstern, Sparen und Sammeln hierher, und wie ich brüllte, wenn ich nicht betete, und betete, wenn ich nicht brüllte, so ich irgendeinen Gegenstand oder gar einen Geldbetrag verlor.

Gefräßigkeit und Naschhaftigkeit zu unterbinden, das war recht und billig. Die Strafen auf diesem Gebiet häuften sich, denn meine Natur verlangte gebieterischer nach Zucker, als daß ich sie zu bemeistern vermochte. Wo immer Zuckerstücke zu ergattern waren, füllte ich mir die Taschen, oft bis zu grotesken Anschwellungen. Unruhe des Gewissens blieb mir dabei freilich nicht erspart, denn Naschen dünkte mich gleichbedeutend mit Stehlen, dieses mit Diebsein und dieses mit dem Verlust des Himmels sowie der Verdammung zur Hölle. Andererseits hatte ich davon gehört und mir wohl gemerkt, daß Zucker nahrhaft und gesund sei, und ich hielt mir vor Augen, daß es meine Pflicht wäre, ob verwerflich oder nicht, Nahrhaftes und Gesundes in Mengen zu mir zu nehmen. Warum wäre sonst immerfort die Rede davon, daß man nach Gesundheit streben solle?

Allerdings wurde ich für diese innere Doppelzüngigkeit mit Ängsten bestraft, namentlich mit der Furcht vor der Zuckerkrankheit. Kaum hatte ich ihren Namen vernommen, als es auch schon bei mir feststand, daß sie vom unmäßigen Zuckergenuß herrühren müsse. Ich unterließ daher das Stehlen von Zucker für eine Zeitlang, aber nicht ganz. Ich rationierte mein Laster. Mit Maßen, meinte ich, möchte es sowohl mit der Gesundheit wie mit dem Seelenheil vereinbar sein. Das Ausgleichen und Maßhalten zwischen all diesen Anschauungen kostete mich nicht wenig Kopfzerbrechen und Bedenken.

Eine ebenso große Schwäche wie für Zucker hatte ich für Bratkartoffeln. Stehlen ließen sich diese, ihrer Natur nach, nicht, wohl aber raffen. Wenn Bratkartoffeln auf den Tisch kamen, herrschte allgemeine Spannung. Zuhause mochte das angehen, und meine Gier auf dieses Gericht wurde zu meinem Erstaunen nicht grundsätzlich als eine böse und strafenswürdige Eigenschaft betrachtet, sondern in glücklichen und gehobenen Augenblicken dieser Kinderstube sogar belächelt. Wir hatten eine Zeitlang eine Köchin, die mir wohlwollte und, gab es Bratkartoffeln, diese im Übermaß herstellte, damit ich »zu meinem Recht käme«, wie sie es nannte. Sie hieß Alwine und war eine sehr redliche Person, doch nahm es leider ein schlimmes Ende mit ihr, denn wie gesagt zog sie eines Tages ihre rotseidene Bluse an, legte sich in ihrer Kammer quer über ihr Bett und erschoß sich, was so viel Aufregung im Hause hervorrief, daß versäumt wurde, es vor den Kindern geheimzuhalten; wir spielten noch lange danach: Alwine erschießt sich.

Was die Bratkartoffeln anging, so lief es an fremden Tafeln, und zumal in der Öffentlichkeit, nicht immer so glimpflich ab, wenn ich zulangte. In der Villa Hubertus zu Mölln im Lauenburgischen, wo wir mehrmals die großen Ferien verbrachten, aßen wir an der Table d'hôte, welches eine von mir sehr mißlaunig betrachtete, ja gefürchtete Einrichtung war, weil das viele Geschnatter, das beim Essen betrieben wurde, mich höchlichst anödete. Hier nun geschah es einmal, daß die Schüssel mit den Bratkartoffeln irrtümlich an derjenigen Ecke der Tafel, wo wir Kinder saßen, begann. Kurz, es trat Schweigen ein, ein Engel flog durch den Saal. Der Wirt räusperte sich und begann mit belegter Stimme eine Entschuldigungsrede: da sei ein Knabe, ja er sagte wahrhaftig Knabe, der ein wenig stark Bratkartoffeln esse, aber es solle nicht wieder vorkommen, daß die Schüssel nicht ausreiche, er verbürge sich seinen Gästen dafür. Aller Augen richteten sich auf mich, der ich mich, feuerrot im Gesicht, hinter dem auf meinem Teller angehäuften Berg von Bratkartoffeln zusammenduckte.

Es setzte eine bedeutende Strafe, und zwar war es diesmal keine Geldstrafe, die für die Dauer der Sommerfrische aus humanitären Gründen abgeschafft war, sondern das Fräulein stellte einen gehaltvollen Satz zusammen, der so lautete: »Ich soll weder bei Tisch in den Ferien oder auch zu Hause mir so viele Bratkartoffeln nehmen, daß die anderen nichts mehr abbekommen« und so weiter...

Diesen Satz mußte ich dann zehnmal in eine eigens für solche Strafarbeiten angeschaffte Kladde schreiben. Hiermit war ich dann viele Stunden beschäftigt.

Eine andere Eigenschaft, die für tadelnswert galt und mir Ermahnungen zuzog, war die Sauberkeit. Sie artete bei mir zu einer Zimperlichkeit aus, die sich zu Gefahr und Ärgernis steigerte. Ich konnte nämlich keinerlei Fettigkeit, Feuchtigkeit oder Staubigkeit an meinen Fingern vertragen und war daher ständig bestrebt, sie mir abzuwischen, und zwar am Taschentuch. Das bedeutete ein unsinnig verschmutztes Taschentuch, dessen tägliche Auswechslung notwendig wurde, was aber für verschwenderisch galt: dies war der Punkt, an dem die Tugend zum Laster wurde. Alle drei Tage ein neues, das mochte plausible Norm sein, aber nicht täglich, außer wenn ich Schnupfen hatte. Der barbarische Versuch, mir das Taschentuch zu entziehen, wurde gemacht, ließ sich aber nicht durchhalten, schon mein häufiger Schnupfen verbot es.

Zimperlich und von tantenhaftem Ästhetizismus war ich namentlich in allem, was mit dem Essen zusammenhing. Ein flüchtiger Blick auf die Hände der Köchin – Alwines gingen noch an, aber Elfriedes! – konnte mir für Tage den Appetit verschlagen, selbst wenn es Bratkartoffeln gab; just diese gingen nun einmal nicht ohne Finger zuzubereiten. Eine Gabel oder einen Löffel in den Mund zu nehmen, war mir eine saure Pein, sobald der Verdacht bestand, daß jemand das Mundstück berührt oder gar schon in den Mund genommen hätte. Der Daumenabdruck auf dem Tellerrand, sichtbar, wenn Licht schräg darauf fiel, dieser selbe Daumenabdruck, an den sich der Gaststättenbesucher zu gewöhnen hat, wenn er nicht hungern will, bereitete mir Übelkeit. Widerlich war es mir, einen Bratenknochen zum Abnagen in die Finger zu nehmen, und solange meine Finger fettig und naß waren, brachte ich keinen Bissen hinunter. Ich zog es dann vor – aber das war schon wieder sträflich –, die kleinen Fleischreste am Knochen umkommen zu lassen. Das unsagbar scheußlichste von allen Dingen auf der Welt war mir der bloße Gedanke an das, was beim Kauen im Munde vor sich ging; es war übel eingerichtet, daß solches geschehen mußte, um die Ernährung zu bewerkstelligen; und wenn es infolge schlechter Eßmanieren nun gar sichtbar wurde... Doch davon nichts mehr, es ist zu schrecklich.

Das Fräulein pflegte uns die Brotschnitten am Frühstückstisch mit Butter oder Marmelade zu bestreichen und bekam dabei einen Fettdaumen; alle Fräuleine waren darin gleich. Am meisten peinigte es mich bei Fräulein Martha, weil es sich diesen Daumen nie abwischte, sondern – eine aufrechte und harte friesische Natur, die sie war – ihn von der auf dem Tisch ruhenden Faust kerzengerade in die Höhe streckte, daß man sich schier darin spiegeln konnte. So gab es mancherlei, mir die Mahlzeiten zu vergällen, und ich mußte eine Art gewaltsamer innerer Vogelstraußpolitik treiben, voller Krampf und Mühsal, um über diese Neurasthenie wegzukommen.

Vom Schwören

Eine andere Unsitte, die des Schwörens, war in unserer Kinderstube eingerissen und hatte sich allgemein durchgesetzt. Unsere Neigung und ständige Bereitschaft zum Eide war schon mehr als eine Unsitte, sie war ein Laster, zumal die zahllosen Eide, die wir schworen, auf fast ebenso viele Meineide hinausliefen. Wer diesen Brauch eingeschleppt hatte, verliert sich im dunkeln der Geschichte; der meiste Verdacht bleibt auf Valeska haften. Wir hatten eines Tages begriffen, daß zur Bekräftigung einer Wahrheit der Eid zweckdienlich sei, und dies verschoben wir in die Anschauung, daß man nur einen heiligen Eid, je feierlicher desto besser, zu schwören brauche, um aus einer Meinung eine Wahrheit zu machen und im Recht zu sein.

Stein und Bein schworen wir, das Blaue vom Himmel herunter. Wir beschworen nicht nur in Streit- und Zweifelsfällen, was wir nach Wissen und Gewissen mochten vertreten können: ich schwöre, daß ich dies und das denke, dies und das getan habe, dies und das tun oder nicht tun will, dies und das gesehen habe... Und wir beteuerten mit Schwüren nicht nur unsere Unschuld oder gelobten irgendwelche Rache. Das hätte noch hingehen mögen, und die Großen taten es ja auch. Aber wir beschworen Tatbestände, die unserem Willen gänzlich entzogen waren. Bei Meinungsverschiedenheiten und Widerspruch sprachen wir mit erhobenen Schwurfingern Wahrheiten aus oder was wir für solche hielten, Statuierungen, die damit den Rang von Unumstößlichkeiten erhielten:

»Ich schwöre, daß jedes zehnte Jahr ein Schaltjahr ist.«

»Fräulein Martha riecht nach Essig, ich schwöre es.«

»Ich schwöre, daß Pilze giftig sind.«

»Indien gehört zur Türkei. Das schwöre ich.«

(Weiß man noch, daß Kolumbus, als er Land sichtete, seine Schiffsmannschaft antreten und feierlich schwören ließ, dieses Land sei Indien –?)

Ja, wir waren gewissenhaft, und all solche Streitigkeiten suchten wir durch Eide zu regeln.

Meine Kenntnisse der Himmelsrichtungen beschwor ich einmal durch eine Eidesleistung. Es hatte bei uns über dieses Gebiet Unklarheit geherrscht, die zu Zwisten führte. Dann war es eines Tages blitzartig und wie eine Erleuchtung über mich gekommen, also daß ich fortan ein Wissender war, und als die Gelegenheit es erheischte, zögerte ich nicht damit hervorzutreten. »Nord«, so sprach ich, »ist immer vorne und oben, Süd ist hinten und unten, West ist links und Ost ist rechts.« So hatte ich es auf Atlanten gesehen, die mich stark faszinierten, Geographie war geradezu mein Steckenpferd. Was gab es da auch Einfacheres? Mir war gehoben und überlegen zumute, hatte ich doch diese Wahrheiten messerscharf selber gefunden, auf eigene Faust und ganz ohne Hilfe. Und als sich Zweifel dagegen erhoben, schritt ich zum Eide. Ich schwor nicht nur bei den üblichen Werten, sondern bei Gott dem Allmächtigen. Das überzeugte. Die Anrufung des Allmächtigen machte uns gar keine Schwierigkeiten.

Im Lauf der Zeit bürgerten sich noch andere Anrufungsformeln, vor allem auch Abstufungen in der Gültigkeit eines Eides ein. So schwor man etwa, wenn es einem nicht ganz geheuer war, mit nur zwei Fingern, ohne den Daumen, und das war eine Hintertür, die besagte, daß man nicht völlig verdammt sein wollte, wenn da etwas am Ende doch nicht genau stimmte. Schwor der Eidgegner mit drei richtigen vollzähligen Schwurfingern dagegen, so behielt er Recht und für den Zweifinger-Eidigen war es eine Niederlage.

Valeska, die als Älteste und Angesehenste viele Sonderbarkeiten einschleppte, trat eines Tages mit einem ganz neuen Eid hervor, den sie unter Voransetzung des linken Fußes leistete, worauf sie sich hinterher berief, als es mit der Wahrheit nichts war. Wir nahmen dies denn auch gläubig hin, und in Zukunft wurde darauf geachtet, daß der Schwörende den rechten Fuß weit und deutlich vorsetzte, da der linke den Eid entwertete.

Zuletzt lief das alles auf eine Art Leibesvisitation hinaus, da es sich herumsprach, daß man nicht die Finger der linken Hand heimlich auf dem Rücken nach unten strecken durfte, ferner auch keine Nadel bei sich haben durfte, welche den Eid und seine Wahrheit durchstach. Da die Mädchen immer Haarnadeln trugen, waren sie in Gefahr, schlechthin eidunfähig zu werden, bis statuiert wurde, daß eine Haarnadel, da nicht spitz genug, einen Eid nicht durchstechen könne.

Wir schworen übrigens nicht immer gleich bei dem Allmächtigen, sondern auch bei anderen Mächten, Personen und auch Dingen, die einen außerordentlichen Wert hatten, zum Beispiel »beim heiligen Weihnachtsfest« oder »bei den großen Ferien« oder »bei meinem neuen Fahrrad«. In der Regel hatte derjenige ein Übergewicht, der bei etwas Höhergestelltem schwor als der Gegner.

Als es aber einriß, daß wir dazu griffen, bei dem Leben unserer Eltern zu schwören, wurde es diesen unheimlich, und sie verboten uns das Schwören ganz, allerdings vergeblich. Bei dem Leben von Fräulein Martha, Fräulein Minna oder

Onkel Max wurde häufig und mit Nachdruck geschworen; endlich schworen wir – es waren dies Modefragen, die kamen und gingen – auch bei »deinem Leben«, also dem Leben des Eidgegners, was sogar ziemlich hoch im Kurs stand.

Allerlei Gesetze

Es gab Gesetzmäßigkeiten, die wenig Sinn und doch eherne Gültigkeit hatten, ohne daß sie je bindend formuliert wurden. Ein Schauplatz solchen Gesetzeslebens waren die Eisenbahnreisen, wie sie namentlich bei sonntäglichen Ausflügen vorkamen.

Sobald die erste Rede auf eine solche Ausfahrt kam, pflegte derjenige, der die Sachlage am schnellsten überschaute, wie aus der Pistole geschossen das Wort »Fensterplatz!« zu rufen. Dies waren drei bedeutungsvolle Silben: wer als erster den Platz am Fenster des Abteils als sein Eigentum proklamierte, der hatte ihn unverbrüchlich, und niemandem fiel es ein, daran zu rütteln. Eine andere Regelung gab es da nicht; an die durch die Faust war nicht zu denken, wir lebten in einem Rechtsstaat.

Da ich in der Eisenbahn beständig eines meiner Lieblingsspiele trieb, nämlich den Dauerschnellweithochläuferspringer, was aber nur ging, wenn ich zum Fenster hinaussah, so war mir der Platz am Fenster von unschätzbarem Wert. Gewöhnlich fand nun der erste Fensterplatz-Aspirant sogleich einen Nachfolger, der nichts zu tun brauchte, als »Ich den andern!« auszurufen, um alsdann den zweiten Fensterplatz sein eigen zu nennen.

Das Ganze muß man sich in einem Zeitalter denken, wo die Eisenbahnen, auch die Vorortslinien, noch keine Sardinenbüchsen darstellten. Durchschnittlich konnte man in einem

Abteil auch dritter Klasse – und wir, mit unseren hunderttausend Zechinen im Jahr, wir fuhren Dritter! – damit rechnen, daß von den vier Eckplätzen zwei frei waren, zumal wir immer schon am Dammtor einstiegen. Erst am Hauptbahnhof wurde es dann etwas voller. Der dritte Fensterplatz allerdings war schon sehr zweifelhaft, so daß er nur noch vorbestellt wurde, damit nichts versäumt werde; der vierte war fast illusorisch.

Es kam auch vor, daß zwei von uns getrennt voneinander, jedoch in Gegenwart von Zeugen, sich einen Eckplatz zugeeignet hatten, so daß eine heikle Rechtslage eintrat. Alsdann wurde gewissenhaft untersucht, zu welcher Uhrzeit die Anmeldungen gemacht waren; wessen Anspruch der ältere war, und sei es auch nur um Minuten, der bestand zu Recht. Es riß auch ein, daß man schon vor Antritt der Hinreise an die Rückfahrt dachte und an seine Vorbestellung den Nachsatz hängte: »Wenn Hinfahrt keiner, ich Fensterplatz Rückfahrt!« Der Telegrammstil war wegen der Eile, in der die Proklamierung zu geschehen hatte, geboten – es konnte sonst vorkommen, daß jemand einem in schnellerer Tonart ins Wort fiel. Es war dann wie verbrieft, man hatte den Eckplatz auf der Rückfahrt so gut wie in der Tasche.

Es muß zur Ehre unseres Rechtslebens gesagt werden, daß es für unfair galt, mehr als einen Eckplatz auf einmal, das heißt für die Hin- sowie Rückfahrt, zu beschlagnahmen. Angängig war es hingegen, einen eroberten Eckplatz als Wertobjekt zu behandeln und gegen eine Briefmarke oder ein Praliné zu tauschen. Hinwiederum war es unstatthaft, zwei Eckplätze zu belegen und dann einen davon als Tauschware zu verwenden; Versuche dazu wurden im Keim erstickt. Auch konnte man nicht einen Eckplatz beschlagnahmen, bevor der Ausflug überhaupt beschlossen war, also auf Tage oder Wochen voraus, was mit der Formel »Ich nächstesmal Fensterplatz!« versucht wurde.

Dies alles wirft Licht darauf, daß bei uns nicht Grundsätze

der Gewalt, sondern der rechtlichen Ordnung herrschten, mochten sie auch noch so verschnörkelt sein.

Ein anderer Rechtsbegriff, der bei uns galt, kommt nicht nur unter Kindern vor, sondern spielt auch in der großen Welt eine ebenso häufige wie unsinnige Rolle. Er bezog sich auf das Eigentumsrecht beim Geschenk. Der Geber hatte nämlich die Möglichkeit, ein Geschenk wieder zurückzunehmen, wenn ihm irgend etwas nicht paßte und ihm ein Groll kam, selbst nachdem es schon längst in den Besitz des Beschenkten übergegangen war, außer natürlich, wenn dieser es schon aufgegessen hatte. Die Zeitgrenze dazu war erstaunlich weit gezogen, manchmal über Monate hinweg, in denen der Beschenkte seiner Gabe nicht völlig sicher sein konnte; sogar noch nach Jahresfrist kamen Fälle einer Wiederwegnahme vor. Daß damit ernst gemacht wurde, geschah selten; wurde es aber ernst, so spielte der Trick eine Rolle, daß dem Beschenkten der Kamm des Stolzes schwoll und er dem Gegner die Worte entgegenschleuderte: »Wenn du's nicht gern gegeben hast, will ich's sowieso nicht haben!« Und warf dem Elenden sein Geschenk buchstäblich theatralisch vor die Füße. Die Situation war danach immer sehr verwickelt und kaum mehr befriedigend zu lösen.

Herrschte eine Meinungsverschiedenheit, so stand dem, dessen Unrecht sich erwies, eine bittere Strafe bevor: es wurde zu ihm »Siehst du!« gesagt. Diese zwei Silben waren nicht so harmlos, wie sie sich geschrieben ausnehmen. Sie waren niederschmetternd, sie wurden unter teuflischer Betonung des i-Lautes unter hohnvollen Triumphgebärden hervorgestoßen, an denen nicht viel zu einem kannibalischen Siegestanz fehlte, und verwiesen den Unrechthaber in Abgründe der Blamage.

Es bürgerte sich dann ein, daß ein Unrechthaber das Eingeständnis seines Unrechts an die Bedingung knüpfte, daß der andre nicht »Siehst du!« sagen dürfe. Wurde solches nicht gewährt, so fand einfach kein Eingeständnis statt und der Unrechthaber blieb stur bei seiner Behauptung, einerlei was daraus wurde.

Ich hatte neben einer Reihe trefflicher und einer verwerflicher Eigenschaften eine, die ich zu den trefflichen zähle und heute noch habe – nämlich die, ungern in vollem Recht zu sein und den andern zum Verhüllen des Hauptes zu zwingen. Ich sagte nicht gern »Siehst du!« Nur, wenn ich fand, es sei formaljuristisch unumgänglich. Hatte ich es gesagt, tat es mir leid; es war mir willkommen, wenn der andre sich noch mit knapper Not aus der Schlinge der Demütigung ziehen konnte.

Der Grund davon war nur, daß ich nicht verletzen konnte, ohne mir selber weh zu tun. So trefflich war ich, aber trotzdem gibt es keinen Anlaß, mir selber gerührt auf die Schulter zu klopfen. Weniger lag Takt, lag Güte vor als die Unlust, mir selber weh zu tun.

Weltuntergänge

An den Untergang der Welt »Matupi« dachte ich niemals, noch daß er jemals eintreten könnte. Und doch lauerte herzklopfende Angst allerorten, selbst noch im Genuß.

Wir gingen an jedem ersten Weihnachtstag ins Theater, um das Weihnachtsmärchen zu sehen. Aber ich hatte Angst vor dem Theater, so große, daß sie mir das Vergnügen daran verleidete, und dies aus zwei Gründen.

Tief in der Seele taten mir die Schauspieler leid, jedenfalls von da an, wo ich begriffen hatte: dort auf der Bühne wurde nicht gelebt, geliebt, gelitten, sondern auswendig gelernt. Indessen wir da unten in den Sesseln saßen und es uns gut sein ließen, mußten diese armen Teufel ganze Gespräche auswendig wissen und mit Betonung sowie Gebärde öffentlich vorbringen, was doch hieß, daß ihnen auferlegt war, steckenzubleiben und sich schlimm zu blamieren.

Stellvertretendes Lampenfieber war es, was ich empfand. Daß die erwartete Katastrophe nie eintrat, sondern es immer noch gut ging, machte mich jahrelang nicht klüger. Ich konnte mir einfach nicht erklären, wieso die Leute nicht steckenblieben, und jedesmal bevor der Vorhang hochging litt ich aufs neue die Angst um ihr bevorstehendes Fiasko. Daß es nicht kam, wollte mir nur bedeuten, daß irgend etwas nicht mit rechten Dingen zuging. Dieses »irgend etwas« war der Souffleurkasten, aber von ihm wußte ich nichts. Bei meiner anderen Angst handelte es sich um den Kronleuchter. Es war dieser ein gigantisches Leucht- und Glitzerungetüm mit Hunderten von Facetten geschliffenen Glases, das da an einem hauchdünnen Zwirnsfaden in schwindelnder Höhe von der Decke hing. Wahrhaft unverantwortlich war es von der Theaterleitung, die Zuschauer einer solchen Gefahr auszusetzen, freilich auch von diesen, sich dazu herzugeben. Denn selbstverständlich mußte dieser Koloß mit dem Gewicht einer Lokomotive sich eines Abends von seinem Zwirnsfaden lösen und ein paar Dutzend Zuschauer, die in der Mitte saßen, unter sich begraben. Es fügte sich nun zwar so, daß wir nie genau in der Mitte saßen, aber immer zitterte ich davor, daß das blinde Los uns diesmal in die fürchterliche Gefahrenzone schicken würde. War dann das Urteil ergangen und lautete auf Schonung, indem wir am Rande saßen, dann bangte ich nichtsdestoweniger um die andern. So selbstsüchtig ich beim Beten war, indem ich immer nur für mich selber betete, so altruistisch war ich in der Angst, und die ganze Aufführung hindurch wurde ich die Gedanken an die Unglücklichen nicht los, die unter dieser Gefahr saßen und offenbar nichts von ihr ahnten. Freilich verachtete ich sie gleichzeitig wegen ihrer Dummheit. Manchmal spürte ich den Ruf der Pflicht in mir, meine Stimme beschwörend zu erheben gleich einem Rufer in der Wüste, aber ich tat es nicht, ich war zu nichts weniger imstande als in einer Menschenmenge plötzlich meine Stimme zu erheben; auch war ich gewiß, nur Hohn und Spott zu ernten. Selbst zu Hause ließ ich meine Angst nicht laut werden, sondern verschloß sie im Busen, um mir nicht den Ruf eines Angsthasen zu erwerben.

In noch manch anderer Beziehung war ich ein Angsthase. So hegte ich bestimmte, zum Teil recht verwickelte Vorstellungen davon, was dermaleinst nicht nur mir, sondern der ganzen Stadt und sogar der ganzen Menschheit zustoßen mußte, wenn es so weiterging. Mit diesem »so weitergehen« meinte ich aber nicht das Sündigen, auch nicht das Begehen von Torheiten, sondern das Atmen.

Ich hatte das Wort »Weltuntergang« aufgeschnappt und mir des weiteren eine Ahnung von der wissenschaftlichen Tatsache angeeignet, daß ausgeatmete Luft nicht mehr zum Einatmen tauge. Dazu besaß ich eine deutliche, ja quälende Vorstellung davon, wie ungeheuerlich viele Menschen es gab. Vorstellung? Ach nein, das war längst nicht mehr vorstellbar, es war jenseits alles Vorstellbaren. Sonntägliche Ausflüge auf der überfüllten Vorortsbahn, mir in der Seele zuwider, führten mir's anschaulich vor Augen.

Weltuntergang, Luftmangel, Übervölkerung, das gab einen Tanz, der mir hart an die Nieren ging.

Denn alle diese Horden, diese Mückenschwärme von Menschen, sie atmeten. Unablässig, täglich, stündlich, sekundlich sogen sie reine Himmelsluft in ihre Bäuche, verdarben sie dort und stießen sie als wertlosen Luft-Unrat wieder aus. Ungeheure Mengen fortan unverdaulicher, verpesteter, schmutziger Luft wurden von diesen Menschenmassen dem Luft- und Himmelsraum entzogen, und ausgeschlossen war es, daß er jahraus, jahrein, in aller Ewigkeit, mochte er auch Engelsgeduld üben, genügend brauchbare Luft immer weiter werde hergeben können.

Daß die Behörden nicht eingriffen, sie, die sich um jeden lumpigen Radler kümmerten, wenn er links fuhr oder keine

Lampe hatte, war nicht zu begreifen. Ein Wunder, daß die Luftlosigkeit nicht schon längst eingetreten war, wenn man bedachte, wie viele Jahre es nun schon so ging. Einmal mußte der Tag kommen, an dem alle Luft verzehrt war, und was dann?

Ja, der elende Erstickungstod stand allen Menschen bevor, und mir unter ihnen. Wie so oft, ritt mich der Teufel auch hier: ich schloß den Mund und hielt mir die Nase zu, mich der Vorstellung hingebend, daß es dabei bleibe. Es war entsetzlich. Das Nichtmehratmenkönnen mochte ich meinem verhaßtesten Feinde nicht wünschen, nicht einmal Olschmadam.

Ich kam nur langsam und unmerklich von meiner Weltuntergangs- und Erstickungstheorie los, ohne daß sie mir widerlegt worden wäre. Doch geistert sie bis zum heutigen Tage in mir fort, indem ich nicht von der Anschauung loskomme, daß fast alle Miseren der Gegenwart sich auf ein Vielzuviel an Menschheit zurückführen ließen.

Die Behauptung, daß man alle Menschen zählen könne, nicht nur die Bewohner eines Hauses, nicht nur einer Straße, sondern alle Menschen überhaupt, ganze Armeen von Männern, und die Frauen noch obendrein, und die Menge auf dem Rathausmarkt, wenn der Kaiser kam, und auf dem Bahnhof beim Beginn der großen Ferien und das Gewoge auf dem Heiligengeistfeld zur Domzeit – diese Behauptung war doch wohl ein starkes Stück und wollte mir nicht in den Kopf. Sogar in der Bibel stand es und wurde jede Weihnacht vorgelesen: Kaiser Augustus ließ alle Menschen schätzen, was, wie uns erklärt wurde, zählen bedeutete. Aber irgendwas stimmte da nicht, irgendein Humbug und Hokuspokus war dabei; es war ja auch sehr lange her, und die Kunde mochte sich verwischt haben. Man kann nicht alle Menschen zählen, wer sollte das wohl tun – und wie? Auf dem Rathausmarkt und dem Stephansplatz, dann in Zügen und auf Dampfern mit Notizblock und Bleistift umhergehen und jeden zum Zeichen, daß er gezählt war, auf die Schulter schlagen: du, und du, und du...?

Abschiede waren mir immer wie Weltuntergänge, und ein besonders schmerzlicher Abschied war mir die Verstoßung des Christbaums. An seiner Plünderung nahm ich noch in festfreudiger Stimmung teil; begann aber das Abnehmen seines Schmuckes, die Zerstörung seines Märchenkleides, so brach mir das Herz, und ich stieß heftige Wehklagen aus, die sich zum fassungslosen Geschrei steigern konnten. Es war in Gedankenlosigkeit versäumt worden, die Kinder von dieser grausamen Prozedur auszuschließen, vielleicht wurde ich auch nur durch einen unglücklichen Zufall ihr Zeuge.

In den Jahren danach gab man sich alsdann mehr Mühe, uns das Bewußtsein von diesem herzzerreißenden Geschehnis zu ersparen. Doch war das Verschwinden des Christbaums nicht wegzuleugnen, und eines trüben, schneenassen Januartages entdeckte ich ihn, oder seinen Leichnam, in einem Winkel des Gärtchens, hinter dem Holzverschlag. Er war nun aller Nadeln bar, und etliche armselige Lamettareste hingen noch in seinen Zweigen, daran erkannte ich ihn. Mir wurde sterbensweh zumute; ich brach diesmal nicht in Tränen aus, zu feierlich war die Trauer, die der stumme Kadaver ausströmte, aber bange Beklommenheit ob der Gemeinheit, die wir an dem strahlenden Gottesboten und Glücksspender geübt hatten, beschlich mich und ein dumpfes Vorgefühl von einem bitteren Lohn, den wir dafür ernten mußten.

Aber auch hier verfiel ich auf kein Mittel, meine Stimme zu erheben, um dafür zu sorgen, daß die alljährlich wiederkehrende Untat unterbleibe. Wäre es nicht ein leichtes gewesen, uns irgendeine Geschichte zu erzählen, die mit dem Schicksal der lichtumflossenen Baumgestalt, die den Mittelpunkt des schönsten aller Feste bildete, aussöhnte? Ich selber dachte mir als Schuljunge einmal eine aus, aber sie wurde nicht sehr sinnvoll, da ich nicht zu Ende mit ihr kam. Sie lief etwa so:

»Ein Mann beschloß, alle Christbäume, die er in seinem ganzen Leben gehabt hatte, aufzubewahren und niemals einen wegzuwerfen. Wenn die Zeit kam, daß der Christbaum aus der Stube mußte, weil er zu sehr nadelte, stellte er ihn in das Gartenhäuschen. Er schmiß ihn dort nicht etwa in die Ecke, sondern stellte ihn ordentlich an die Wand, immer neben den vom vorigen Jahr. Er nahm allen Schmuck ab, nur das Sternchen auf der Spitze ließ er. Das Sternchen mußte er jede Weihnacht neu machen. Als die Reihe an der Wand voll war, begann er eine zweite, dann eine dritte, und endlich hatte er einen ganzen Wald beisammen. Es war ein dichter Wald von entnadelten Tannenbäumen, jeder mit einem Sternchen auf der Spitze. Als er dann ein alter Mann war, brauchte er nur alle seine Christbäume zu zählen, es waren ebenso viele wie er Jahre alt war.«

Die Erwägung, daß diese Rechnung nicht gut stimmen konnte belastete mich allerdings, denn sicher hatte der Mann nicht schon in seinem ersten Lebensjahr mit der Anlegung dieses Waldes begonnen. Das lähmte mich, wie es immer einen Erzähler lähmt, wenn er merkt, daß seine Geschichte eine Unstimmigkeit enthält. Ich wußte nicht, wie ich die Fabel weiterspinnen sollte, und kam auch nicht auf den Einfall, daß ich meinem Mann ja Eltern hätte erfinden können, die schon in seinem ersten Lebensjahre mit der Aufstellung der Christbäume angefangen hätten. Auch machte mir der geringe Raum, den ein Gartenhäuschen zu haben pflegt, Kopfzerbrechen.

Dichten ist eine schwierige Sache, wenn man sich der Machtvollkommenheit, die dem Dichter eignet, nicht zu bedienen weiß. Immerhin, es war meine erste Geschichte.

Die Kraft und die Herrlichkeit

Nicht in allem war ich so zart besaitet, sondern ich war auch ein gewaltiger Streiter. Ich fühlte viel Körperkraft in mir und ging mit starkem Widerstreben zu Herrn Reese, dem Haarschneider – nicht nur, weil ich mich vor dem Kitzel fürchtete, den er am Halse verursachte, wenn er die Papiermanschette befestigte, sondern ich mußte als ein treuer Kenner der Geschichte vom starken Simson damit rechnen, daß mit der Länge der Haare auch meine Kraft von mir wiche.

Über diesen Punkt war ich schwer zu beruhigen. Aber Simsons Haare waren so lang, daß sie bis weit über die Schultern fielen, ein Zustand, der auf uns nicht entfernt zutraf. Wir trugen vielmehr aus Gründen der Hygiene die Köpfe so kahl geschoren wie Billardkugeln und wurden, sobald die Zehnmillimetergrenze überschritten war, zu Herrn Reese, dem Kitzler geschickt, um sie auf vier reduzieren zu lassen. Vor der Sitzung in dem viel zu großen wachstuchbezogenen Sessel angesichts des überlebensgroßen Spiegels, wobei man in ein langes weißes Laken gehüllt wurde, fand, anfangs aus Irrtum, jedesmal dasselbe Gespräch statt, das schließlich zur festen Tradition wurde. Man sagte, es möchte das Haar auf vier Zentimeter geschnitten werden, worauf Herr Reese, schon hurtig mit der Scheere schnippend, liebenswürdig entgegnete, da müsse er wohl etwas ankleben.

Jedoch tat der Haarschnitt meiner Körperkraft und Streitbarkeit keinen Abbruch und half den Erzfeinden wenig, die ich bekriegte. Diese waren die Brennesseln. Ich haßte sie. Wie man von der Liebe sagt, daß sie sein kann, bevor sie einen Gegenstand findet, und daß man jemanden liebt, weil man unbedingt lieben muß, so mag es auch mit dem Haß sein. Ich hatte sonst niemanden zu hassen (außer Olschmadam, die aber so undeutlich war), und so haßte ich die Brennesseln. Sie standen nutzlos da und ätzten, wenn man sie nur streifte. Sie waren die Tücke und Gemeinheit selber, zu grünem Kraut geronnen, von vollendeter Unsinnigkeit, und sie auszutilgen, war ein Gebot des Anstandes, vielleicht des lieben Gottes. Kein besseres Werk konnte man tun, als sein Leben ihrer Ausrottung zu weihen.

Wenn man sich dazuhielt, konnte man es vielleicht schaffen über kurz oder lang. Leider konnte man dieser hohen Aufgabe nur in den Ferien nachgehen, allenfalls auch sonntags bei Ausflügen ins Grüne. Wo Grünes war, waren auch Brennesseln. Mit einem Stock, eigens handlich dafür zugeschnitzt und eingerichtet, ging ich wie mit einem Michaelsschwert dem Erzbösen, das in hunderttausend ätzenden, widerwärtigen Kräutern inkarniert war, zu Leibe. In Scharen sanken sie vor meinen Streichen dahin in den Staub. Standen sie doch so dicht beisammen, daß es kein Kunststück war, sieben und noch viel mehr auf einen Streich zu fällen. So hatten ja auch die alten Kreuzfahrer auf die Türken eingeschlagen, die dumm genug waren, in ähnlich dichten Haufen anzudrängen, vor lauter Masse schon wehrlos trotz aller Bösheit. Der Brennesselkrieg war ein Kreuzzug und ließ mir die Brust vor Mut und Stolz schwellen.

Mein Traum und Ehrgeiz war es – neben der Nesseln-Ausrottung –, ein Schnelldauerläufer und Weithochspringer von märchenhaften Fähigkeiten zu sein. Namentlich auf Eisenbahnreisen, wenn ich das Glück genoß, am Fenster zu sitzen, hing ich diesem Traum nach. Ich lief mit der gleichen Geschwindigkeit wie der Zug an den Schienen entlang und tat es mühelos und lächelnd, aus reinem Übermut. Gelassen und mit weit ausgreifenden Sprüngen setzte ich über Hecken, Böschungen und Bahnwärterhäuschen, ohne außer Atem zu kommen, ja ich winkte denen im Zuge, auch mir selber, fröhlich dabei zu. Nach Stunden solcher Jagd waren die Kräfte meiner Lenden und Lungen noch unerschöpft. Ich ließ die Mitreisenden im Abteil aus dem Staunen nicht herauskommen und nahm ihre Bewunderung heiter entgegen. Die rätselhaft auf- und niederschwingenden Telegrafendrähte ließ ich außer Acht, denn sie zu begreifen ging denn doch über mein Vermögen, ich hatte es aufgegeben. Flüsse, die der Zug auf Brücken überquerte, nahm ich im Weitsprung, außer wenn sie so breit waren wie die Elbe bei Hamburg; dazu war ich zu realistisch, Unmögliches maßte ich mir nicht an.

Auch ans Fliegen dachte ich nicht, des Ikarus Traum lockte mich nicht, ihn verwies ich ins Reich der Utopien.

Viel Zeit verbrachte ich damit, das Glück zu suchen, was ja nichts Ungewöhnliches ist: ich wollte es durchaus finden. Was es war, was es tat, wohin es führte, wußte ich nicht. Aber es schien allgemein in hohem, in höchstem Ansehen zu stehen und fieberhaft begehrt zu werden.

Das Mittel, sich seiner zu bemächtigen, war gottlob bekannt und uns in Gestalt des vierblättrigen Klees in die Hand gegeben; es galt nur, ihn zu finden. Die Geschichte mit dem Hufeisen war dagegen offenbar so gut wie hoffnungslos, denn soviel ich auch meine Blicke über den Fahrdamm des Mittelweges schweifen ließ, Hufeisen gab es da nicht, wurden doch die Pferde damals in der Stadt schon seltener, und wann verlor schon mal eins sein Hufeisen! Wenn dies geschah, so stürzten sich bestimmt sogleich viele starke, gewalttätige Männer darauf, sich darum zu reißen.

Ein anderes Mittel bestand darin, Spatzen Salz auf den Schwanz zu streuen, worauf sie sich fangen ließen, was dann Glück brachte. Jedenfalls war dieses Verfahren uns aus zuverlässiger Quelle empfohlen worden. Aber auch damit war es nichts, denn die Spatzen wollten es sich nicht gefallen lassen. Mit dem vierblättrigen Klee hingegen mochte es eher gelingen, gab es doch Klee in Hülle und Fülle auf der weiten Rasenfläche der Moorweide vorm Dammtor. Da konnte man sich bequem hinhocken und suchen, es war nur eine Frage der Geduld und allenfalls guter Augen.

Geduld hatte ich, aber gute Augen nicht, und ich bin mein Lebtag ein schlechter Sucher gewesen. Einen Klee mit vier

Blättern fand ich nie, während Fräulein Minna deren zu Dutzenden heimbrachte, die Glückliche. Ich fand ihn weder auf der Moorweide noch auf anderen Wiesen, und ich gelangte allmählich dahin, die Glückssuche für ein teuflisches Vabanquespiel zu halten, ebenso langweilig wie aussichtslos, und zuletzt die Finger ergeben davon zu lassen.

Meine mangelhafte Begabung, verlorene und folglich nicht mehr sichtbare Gegenstände aufzuspüren, machte mir allezeit zu schaffen. Die Tücke des Objekts suchte mich hartnäkkig heim, und schier tagtäglich galt es, irgend etwas, das sich in der Kinderstube verkrochen und verkrümelt hatte, zu suchen und wiederzufinden. Dabei wurde mir vom Fräulein gewöhnlich stark eingeheizt und bald als Dummheit, bald als Verstocktheit ausgelegt, wenn ich etwas Verlorenes nicht wiederfinden konnte. Ja, ich wurde dazu angehalten, eine Suche, auch wenn sie längst ganz aussichtslos geworden war, auf das Sturste weiterzutreiben. Dabei ging ein gut Teil wertvoller Zeit, die man besser auf Glückssuche verwandt hätte, verloren, und das mißverstandene Sprüchlein »Suchet, so werdet ihr finden«, das doch nicht auf Glück oder verlorene Gegenstände, sondern auf das Heil geprägt war, machte mich nicht spruchgläubiger. Außerdem, was war denn das überhaupt, das Heil?

Ich hatte schon einen Begriff von der strittigen Tatsache, daß Geld Glück bedeute, anders war das schreckliche Geheul nicht zu erklären, das ich erhob, als ich im Spiel einen Pfennig einbüßte. Es war aber auch ein Glücksspiel und also geeignet, bedenkliche Regungen ans Licht zu bringen. Der Beschluß der Eltern, uns beim Pochspiel zum Einsatz eines Teiles unserer Barvermögen, in diesem Falle von einem Pfennig zu veranlassen, ja zu zwingen, ist schwer verständlich, er muß wohl pädagogische Motive gehabt haben. Wir sollten lernen, keine Spielverderber zu sein, und zudem sollten wir nicht zu fest am Gelde kleben, sondern uns auch, wenn die Ehre es gebot, davon trennen können, das war es vornehmlich.

Mir ging der Gedanke hart gegen den Strich, meine Barschaft dem Zufall anzuvertrauen, und mein Instinkt hatte mich nicht getrogen: ich verlor sie prompt. Gleichviel, ob dieser Pfennig alles war, was ich besaß, oder ob ich noch einen zweiten oder gar dritten in Reserve hatte: als der Schicksalsschlag mich traf, hatte ich das Gefühl, ins Bodenlose zu fallen, mutwillig und unnötigerweise. Uneingedenk des Satzes, daß Spielschulden Ehrenschulden seien, schrie ich so furchtbar, daß der alte Herr, der sich sonst kaum um das Treiben im Kinderzimmer kümmerte, auf der Bildfläche erschien, sich die schlimme Sachlage berichten ließ und dann in seine Tasche griff und mir den Geldbetrag, dessen ich verlustig gegangen war, ersetzte.

Zur Beschönigung solchen Mangels an Haltung muß ich ins Feld führen, daß jener Pfennig mir soviel wert war wie ein runder Tausender heute, weniger was die Kaufkraft, als was das Gefühl der Rückendeckung angeht, und ich würde diese heute auch nicht aus purem Unsinn und Mutwillen einbüßen mögen, ohne böse zu werden.

Dann aber war da die Sache mit Onkel Nängs Zehnmarkstück. Es war das eine Sache, die mir schier das Rückgrat brach, so daß ich lange Zeit nicht davon loskam, ja, wenn ich's recht betrachte, noch heute darüber ergrimme. Es war nun einmal meine erste, grundlegende Bekanntschaft mit einem Daseinsphänomen, das man als das Ungerechte aus Nachlässigkeit bestimmen kann.

Ungerecht sein heißt böse sein, aber böse war Onkel Näng nun gewiß nicht, er war die Güte selber, aber er war zerstreut. Auch sonst war keinem der Beteiligten etwas Besonderes vorzuwerfen, die ganze Welt war eigentlich in schönster Ordnung, und doch trat jäh ein Riß in sie ein, der von oben bis unten lief und sie mit einem Hiebe zum ärgsten Schund entwertete.

Wie Onkel Näng zu seinem Namen kam, ist damit zu erklären, daß er einen französischen hatte, der einen Nasallaut enthielt; wir fanden diesen komisch und kürzten ihn bis auf die Silbe Näng ab. Es war sein Spitzname. Er war kein richtiger Onkel, sondern ein Jugendverehrer unserer Mutter. Er stellte sich durchreisend alle paar Jahre einmal ein und hatte alsdann die Angewohnheit, an jedes der Kinder, das ihm im Hause unter die Augen kam, ein goldenes Zehnmarkstück zu verschenken. Diese Münze gab es damals, ich erzähle kein Märchen, und wenn sie auch nicht Museumswert hatte, so wohnte ihr doch ein hoher Nimbus von Gold und konzentriertestem Kaufwert inne.

Onkel Näng war aber auch ein überaus zerstreuter Herr, der sich ums Leben nicht die Zusammenhänge in unserer Kinderstube, die ja nicht ohne Komplikationen waren, ja nicht einmal die Anzahl von uns Kindern zu merken vermochte. Wir waren unserer Vier, aber für ihn mochten es sieben, zwei oder elf sein, es ging ihm nicht ein.

Nun, er kam eines Nachmittags, unangemeldet und kometengleich wie es seine Art war, und drückte den dreien, die sich im Hause befanden und nicht zögerten, ihm unter die Augen zu kommen, je eine der Märchenzechinen in die Hand.

Es waren aber ihrer nur drei, weil das Vierte spazierengegangen oder besser: zum Auf-der-Straße-spielen weggeschickt und abkommandiert worden war, gesundheits- und wetterhalber oder weiß der Satan, aus welchem Grunde auch immer. Dieser Vierte war ich.

Als ich nach Hause kam, war das Unglück geschehen, und der goldene Onkel hatte uns schon wieder den Rücken gekehrt. Da half kein Toben und Plärren. Keiner aller Beteiligten hatte den Nerv gehabt, ihn auf das Verwerfliche seines Tuns hinzuweisen. Taktfragen hatten der Gerechtigkeit im Wege gestanden, und ich ging leer aus.

Ich ging für den Rest des Tages und in der darauffolgenden Nacht mit dem Plan um, mir das Leben zu nehmen, worunter ich mir allerdings nicht viel vorstellen konnte; auch wollte ich vornehmlich damit Onkel Näng und den anderen einen Denkzettel erteilen. Aus Großmut ließ ich diesen Racheplan jedoch wieder fallen. Ich ging nicht gänzlich leer aus; es wurde natürlich eine nachträgliche Ersatz- und Notbehelfs-Gerechtigkeit gebastelt aus ein paar morschen Brettern, die sich von ungefähr fanden, ein paar Entschädigungen wurden mir geboten von Taschengeldes- wie von Süßigkeitenwert – nicht ganz zu verachten, doch auch nicht mit der Märchendublone zu vergleichen.

Es muß mit Gold eine mystisch-verderbliche Bewandtnis haben. Manches Mal habe ich, wenn mir ein Unrecht geschah, dies gegen Posten aufgerechnet, in denen mir ein Zuviel an Recht zugemessen worden, weniger übrigens aus Weisheit als aus dem Trieb der Selbsterhaltung und dem Versuch, den Einklang der Welt so zu retten.

Aber bei der Sache mit Onkel Nängs Goldstück wollte die Methode nicht verfangen, als ob der Teufel seine Hand im Spiel hätte. Ja, ich versuchte es nicht einmal, ich trotzte: das Gold hatte meine Sinne verdunkelt.

Der Globus

Es bestand kein ausdrückliches Verbot, den Globus zu berühren und ihn um seine Achse zu drehen. Doch hielt mich, entgegen meiner prickelnden Sehnsucht, eine Scheu davon ab. Mit der bunten Erdkugel, die auf dem Bücherschrank des alten Herrn stand, hatte es seine besondere Bewandtnis.

Was mich stark und geheimnisvoll berührte, aber auch befremdete, ja abstieß, war die unbegreifliche Schräge der Kugel, die schiefe Lage, die ihr durch das Messinggestell gegeben war und bewirkte, daß sie sich nicht auf eine ordentliche Manier drehte wie eine Hängelampe oder wie ein

Kreisel, dessen Schnur man aufwirbelt, sondern schräg und quer. Es war Unordnung, und daß dies kein Versehen, sondern Regel war, war unheimlich.

Das Ganze stellte, wie versichert wurde, den Erdball dar. Die Erde war schwerbegreiflicherweise eine Kugel und drehte sich auf eben diese schräge, unordentliche Art, auch schwebte sie ohne Halt, Schnur, Haken oder Gestell im Himmel oder unter demselben. Mit alledem war natürlich nichts anzufangen. Allenfalls ihre Abbildhaftigkeit verstand ich zur Not: der Globus war das Spielzeug-Konterfei der Erde.

Zuweilen wurde er von seinem Standort heruntergenommen und auf den Tisch gestellt, es gab geographische Unterweisungen, die gewöhnlich darauf hinausliefen, daß das Versteck der Stadt Hamburg ausfindig gemacht wurde inmitten eines Gewirrs von Grün und Blau, von Schlängellinien und Schraffierungen. Was bei Hamburg gelang, gelang indessen mit der Moorweide nicht, es wurde unter Ausreden dargelegt, daß sie nicht zu sehen sei.

Ähnliches Fiasko erlitt die winzige Insel Matupi, denn sie war wohl nicht größer als die Stadt Hamburg, war weniger als ein Punkt, war ein Nichts. Nur die Gegend, wo dieses Nichts sich befand, die Meerfläche vor Neu-Guinea und die zierliche Gazelleninsel ließ sich notdürftig erkennen. Ein Finger war dazu nicht brauchbar, zu grob, nur mit einer Nadelspitze konnte man hoffen, dem geheimnisvollen Ort auf die Spur zu kommen. Und eines Tages wurde denn auch dortselbst ein winziges Löchlein mit einer Stecknadel in die Bläue der glasierten Pappe gebohrt: das war Matupi.

Einmal war die Rede davon, daß es auf jenen Meeren auch Inseln gebe, die unversehens versinken. Wie auf Zauberspruch tauchen sie in den Wogen unter samt ihren Palmen und Hütten und werden nie mehr gesehen. Ob auch Matupi so etwas geschehen könnte, wollten wir wissen. Nein, wurde beruhigend versichert, Matupi nicht, da kann nichts passieren. Nur was vulkanisch sei, könne versinken. Matupi werde stehen, und daß es Mächte außer den vulkanischen gebe, es uns zu nehmen, kam keinem in den Sinn.

Voller Eifer wurde übrigens auf diesem Globus, der ein Exemplar von prächtiger Größe war, noch nach etwas anderem gesucht: nach dem Paradies. Es war ja von alters her versichert worden, daß es sich zwischen den Flüssen Euphrat und Tigris befinde. Befinde, nicht befunden habe, denn zweifellos war es noch vorhanden, gehörte zu den Ewigkeitsbeständen der Dinge. Das Paradies lag zwischen diesen beiden Flüssen, die deutlich auf dem Globus erkennbar und bezeichnet waren, und wir machten uns daran, das Wort »Paradies«, das seltsamerweise fehlte, hineinzuschreiben. Die Mutter schrieb mit einem sehr spitzen Bleistift, so daß es eher geritzt als geschrieben wurde, denn die Lasur nahm keine Bleischrift an. Sie schrieb es, aber unter unserer Anleitung. Zuletzt stand es säuberlich da, und nun erst war der Globus genau und verläßlich.

Das nächtliche Abenteuer, das ich als etwa Sechsjähriger mit dem kunstvoll nachgeahmten Erdball bestand, ist verbürgt. Danach muß ich mich eines Nachts aus dem Schlummer erhoben haben und ins väterliche Arbeitszimmer hinabgewandert sein, um mich der bedeutsamen Pappkugel zu bemächtigen, was immerhin einige turnerische Gewandtheit voraussetzte. Der Globus befand sich zur Verblüffung aller Hausbewohner am anderen Morgen an meinem Bette, und ich hielt ihn wie eine Geliebte mit den Armen umschlungen. Ein Glück, daß er dabei nicht zerdrückt worden war. Niemand war der Gestalt im Nachthemd ansichtig geworden, wie sie, den ernsten Riesenball im Arm, durch das dunkle Treppenhaus gegeistert sein muß, von tief verborgenen Trieben und Wunschträumen geleitet. Doch ließ sich der Fall kaum anders als durch Nachtwandelei erklären. Es ist dies das einzige Mal in meinem Leben geblieben, daß ich dem Drang des Nachtwandels oder auch der Mondsucht unterlag.

Meine Liebe zur Erdkugel, die mich mein ganzes Leben begleitet hat, mag eine Erbschaft sein. Wer anders hätte diese in so vielen Geschlechtern fortglimmende, bis zu mir herübergepflanzte Zuneigung begründet als Martin Behaim, der mysteriöse Vorfahr? In seinem wachsamen Hirn hatte das Bild von der Erde so zwingende Plastizität angenommen, daß er als erster den Globus ersonnen und gebastelt hatte, ein später und kleiner, doch nicht zu verachtender Prometheus und eine Tat, deren Wellenkreise längst verebbt sind, aber ohne die manche andere, leuchtendere Tat nicht getan worden wäre.

Einmal geschah es mir – aber ich weiß nicht, in welchem Abschnitt meines Lebens es war, ich meine, es war in sehr früher Kindheit, und vielleicht war es auch nur ein Traum –, daß der Globus sich von selber zu drehen begann. Ich war mit ihm im Zimmer allein, es war eine dämmerige Stunde, still und traurig, kein Lufthauch wehte, der Raum lag im Schatten, die Fenster waren verhangen, die feiste Kugel war mit mattem Leuchten sichtbar, thronend oben auf ihrem Standort. Da war es, als ob eine unsichtbare Hand sie anrührte und in drehende Bewegung setzte, auf ihre absonderliche schräge Manier, unordentlich und doch gleichmäßig, gemächlich und lautlos. Danach versank dieses Erlebnis im Dämmer, und mehr weiß ich von ihm nicht.

Lippe und Bußmann

Die Gespenster Lippe und Bußmann – aber ihre Namen waren schwebend, manchmal hießen sie auch Kruse und Lippmann – begleiteten uns lange Zeit und waren im Matupi-Hause von jeher heimisch. Wie die Kunde von ihrer Existenz eigentlich aufgekommen war, bleibt so tief im Dämmer der Vorgeschichte verborgen wie die Kunde von Göttern und

Dämonen, die den Alten gebracht wurde, sei es von Sehern, sei es von Kindern, sei es in Träumen oder aus den schaurigen Wirklichkeiten der Urwälder. Kurzum, Lippe und Bußmann waren da, es ging nicht an, sie zu leugnen. Auf das eifrigste gefördert wurde ihre Existenz durch Fräulein Bauch, die gern andeutete, daß auch Lippe und Bußmann zu ähnlichem fähig sein möchten wie das Verbrecherpaar, das sie mit »ein gewisser Fingerhut und ein gewisser Abendrot« bezeichnete. Diese nämlich, es wurde schon erzählt, schlitzten Mädchen abends im Gehölz den Bauch auf, und wer weiß, ob nicht auch Lippe und Bußmann...

Ob es an dem war, blieb dahingestellt; wir untersuchten es nicht und getrauten uns gar nicht, ein genaues Register all ihrer Schändlichkeiten zu führen – was uns bekannt war, langte uns reichlich. Das schlimmste an ihnen war, daß sie »nur« spukten, was viel unverzeihlicher war, als wären sie in Fleisch und Blut und als massive Bösewichter vorhanden gewesen.

Über ihr Aussehen kursierten nur Gerüchte. Fest stand lediglich, daß sie beide einen Zylinderhut trugen. Sie traten in verschiedenen Verkleidungen und Maskierungen auf. Ihre traditionelle und häufigste Aufmachung war, daß der eine gelbes, lang über den Zylinderrand fallendes Haar und einen Mund ohne Lippen hatte, also vowiegend grinste; der andere zeichnete sich durch gutbürgerliche Unauffälligkeit aus. Er hatte einen Klemmer an schwarzer Schnur, einen hohen steifen Kragen, eine käsige Gesichtsfarbe, ein unglaubhaft langes, tief herabhängendes Kinn, war bartlos, hatte schwarze, enge, zu kurze Hosen, aber pikfeine, sehr lange und schmale hellbraune Schuhe. Doch hatten beide die Gewohnheit, von Zeit zu Zeit auch halbiert herumzugehen, namentlich aber, alle ihre Requisiten untereinander zu tauschen.

Diese beiden arbeiteten Hand in Hand an ihrer Aufgabe, welche darin bestand, die Menschen, das heißt die Bewohner unseres Hauses zu stören, zu ängstigen, aber auch zu schikanieren, ja zu quälen. Ihr Hauptquartier hatten sie auf dem Dachboden, neben dem sich eine Dunkelkammer befand, die eigentlich nur eine Besenkammer war, ein Verschlag ohne Fenster. Sie unterhielten dort einen Schrank, in den sie ihr Opfer sperrten, um es darin zu kochen – wie das technisch möglich war, weiß ich nicht mehr, es gab damals wohl andere Naturgesetze als heute. Vor dem Kochen wurde das Opfer auch manchmal gehäutet und gedämpft und die Haut zum Trocknen aus dem Fenster oder nebenan auf dem Boden über die Wäscheleine gehängt.

Fräulein Bauch bestätigte gern, daß auch der Fingerhut und der Abendrot in der Umgebung von Gmunden, ihrer Heimat, Menschenhäute zum Trocknen aufgehängt hatten, bis man ihnen dieses Handwerk legte. Obgleich von keiner bestimmten Person je zuverlässige Nachricht vorlag, daß ihr von dem Paar so schlimm mitgespielt worden sei, ließ sich doch an der Wahrheit dieser Kunde nicht zweifeln, da sie so gut wie allgemein bekannt war. Weniger bekannt war, was nur ich allein beobachtet hatte, daß die beiden dann und wann, eingehakt und in Gespräche vertieft, tänzelnd durch das winzige Gärtchen gingen, das wir hinterm Hause hatten.

Sie redeten völlig tonlos miteinander, kein Hauch und Laut war zu vernehmen, aber was sie redeten, lag auf der Hand: Anschläge spannen sie gegen uns. Ab und zu hoben sie beide gleichzeitig ihre Zylinder grüßend hoch, ohne sich auszuhaken: sie grüßten einander, oder sie besiegelten mit diesem Gruß die Fertigstellung eines neuen Anschlages, den sie ausgeheckt hatten.

Einmal trieben sie es so weit, plötzlich von außen her in unser Eßzimmer hineinzuklettern. Dieses lag im ersten Stock, eine Leiter stand draußen nicht, dennoch erschienen die beiden unversehens hinter dem Glas, stießen das Fenster lautlos auf und schwangen sich auf das Fensterbrett. Unglücklicherweise befand ich mich eben allein im Zimmer.

Oft schon hatte ich die sträfliche Neigung der anderen, mich in einem Zimmer allein zu lassen, beklagt. Natürlich ergriff ich unter Angstgebrüll die Flucht und vernahm noch auf dem Korridor, wie ihre Schritte hinter mir herdonnerten. Erst als ich in Sicherheit war, wurde und blieb alles still, und als nachgeforscht wurde, was sich denn ereignet habe, fand sich keine Spur. Der Verdacht der Gespensterseherei blieb auf mir hängen. Die Gefahren des Alleinseins waren groß.

Nachts warfen Lippe und Bußmann mit Gegenständen von einer Zimmerecke in die andre. Es war nicht zu erkennen, ob sie auf irgend etwas zielten; treffen taten sie nicht. Man hörte die Gegenstände nur durchs Zimmer schwirren und klackend irgendwo landen. Es war dann nötig, sich, wiewohl unter eisigen Gänsehaut-Schauern daliegend, vollkommen still zu verhalten, sonst wurde man vernichtend getroffen.

Man muß es Lippe und Bußmann aber lassen, daß sie nicht ohne Ordnungssinn waren, denn am Morgen lagen alle Sachen, mit denen sie geworfen hatten, wieder auf ihren Plätzen.

Eduard wußte zu berichten, daß sie ihn einmal auf der Toilette besucht und Anstalten getroffen hatten, ihn in den Wasserkasten zu stopfen. Aber diese Geschichte war mit Vorsicht aufzunehmen – wie kam es denn, daß niemand ihn hatte schreien hören? Er wollte uns doch wohl nicht glauben machen, daß er nicht geschrien, sondern sich stumm und gar erfolgreich gewehrt habe? Doch, er wollte es und beharrte darauf. Niemand erfuhr je, ob etwas Wahres daran war.

Auch die anderen steuerten das Ihre zur Chronik Lippe und Bußmann bei, so Valeska, daß sie die beiden gesichtet habe, wie sie im Keller Holz hackten, aber unter dem Holz seien lauter Schädel gewesen, die sie mithackten. Das war durchaus glaubwürdig, und es wäre ebenso unnötig wie grauenhaft gewesen, im Keller nachzuforschen, was aus den gehackten Schädeln geworden war.

Hanna, der sanfte Löwe, wollte auch nicht zurückstehen

und hatte ein gänzlich absurdes Begebnis zu melden, demzufolge im Badezimmer Lippe und Bußmann in der vollen Badewanne gesessen und sich mit schäumender Mandelmilchseife über und über abgewaschen hätten. Als man sie fragte, ob sie denn dabei nackt gewesen seien, gab sie an: nein, sie seien voll angezogen gewesen.

Einmal wurde unsere Hauswand weiß gestrichen, aber Lippe und Bußmann saßen drinnen und hauchten von innen her ständig dagegen, so daß die schmutzige Schwärze immer wieder durch das blendende Weiß hindurchkam. Das widrige Paar wurde erst abgeschafft, als wir aus dem Haus am Mittelweg fortzogen, und zeigte sich in dem neuen Haus nicht mehr.

Traum von Weiß und Schwarz

Ich hatte in sehr frühem Alter, und schon damals war es kein Schlaftraum, sondern ein Gesicht im Wachen, ein Bild, das vor mir lag und sich bewegte und das mit seinem gleichen, einförmigen Ablauf, bedrückend und aufregend, in meinen Augen auftauchte, sobald ich sie schloß.

Freilich kam es nur, wenn ich im Bett lag. Schloß ich die Augen tagsüber, so durfte ich die von feinen Farbflecken, Strahlungen, Wirbeln und schimmernd getönten Blitzen, Kurven, Kreisen und Gräten durchwobene und zerschossene tiefrote Teppichlandschaft bestaunen, die sich vor dem Innern der Netzhaut bewegt und mit der das Nichts bekundet, daß es eine Brutstätte ist, trächtig ohnegleichen. Auf ihr erging ich mich gern und so hingegeben, daß das Augenschließen am hellichten Tag von den Oberen alsbald als Laster erkannt und verboten wurde, zumal Fälle eintraten, die Befremdung, Ärgernis, ja Getümmel abgaben. So wenn ich, sogar im Gehen in mein Netzhautschauspiel versunken, wertvolle Dinge oder solche mit Katastrophenwert wie Vasen oder Kaffeetassen umstieß und kaputtmachte oder auch beim Essen mit dem Löffel statt in den Mund aufs Kinn oder die Backe stieß, daß die Speise sich verschüttete.

Aber das eigentliche Bild erschien erst im Bett, wenn der Schlaf kommen sollte. Es gehörte die volle Entspannung dazu, ihm Eingang in meine Sinne zu verschaffen, denn willkommen war es mir nicht, ich fürchtete es eher als daß ich es suchte, und ich suchte es nur, weil ich wußte, es würde kommen, und daß meine Sinne sich sträubten, half gar nichts. Es war so: Eine blendend weiße, glatte Fläche lag vor mir ausgebreitet, schneeig oder auch wie Porzellan, schimmernd von makelloser Sauberkeit. Es traten aber Flecke auf ihr hervor wie Aussatz, von tief innen empordringend, Schmutzflecke, anfangs gering, schwärzliche Wundmale wie mit ein wenig Blut und Eiter, hier und da, aber sie hielten im Hervortreten nicht inne, sondern breiteten sich aus, und dann brach es schneller aus dem Innern des Makellosen hervor mit betäubender Schmutzgewalt und gewann allerorten die Oberhand, ein Bild dunklen Schmierkrams, kotig, feucht, zerfressen, verwest, und fraß sich immer weiter durch, daß es zum Übelwerden war.

Da aber kam etwas wie eine unsichtbare Geisterhand mit einem Zauberpinsel, breit und weich, und überzog die kranke Fläche mit einer blendendweißen Schicht, schneeig oder wie Porzellan, makellos wie zuvor, daß der von innen herdringende Aussatz davon erstickt wurde.

Aber nein, er wurde nicht erstickt, er kam wieder und brach mit noch größerer Zähigkeit als zuvor durch und überzog das Makellose mit dem Makel, es von innen auffressend und beschmutzend. Nun galt es, mit neuem Weiß kräftig zur Stelle zu sein, um das Scheußliche rascher zu ersticken, als es andrängen und sich durchfressen konnte. Augenblicke lang durfte das klare Weiß wieder in sich ruhen, durfte leuchten, als ob nichts in seiner Tiefe es gefährdete, jauchzend vor Reinheit, aber nicht lange: da kam es wieder, schwarz und kotig, und fraß und faulte, von neuem mußte der heilende Anstrich walten, tat es rasch und entschlossen und stellte die Makellosigkeit wieder her.

Mir war zuerst, als ob eine fremde, eine Zauberhand, dies bewirkte, doch allmählich verschmolz ich mit ihr, und ich war es, der strich und weißte, freilich nicht so sehr mit meiner Hand als mit meinem Entschluß und Befehl.

Es war ein unablässiger Wettlauf. Je heftiger die schwarze Verwesung hervordrang, desto heftiger galt es, sie wegzuwischen und zu übertönen, sie in Reinheit zu ersticken, und je kräftiger man sie erstickte, desto wilder wuchs es wie ein Geschwür immer schneller wieder hervor: es war dem Weißen nun schon längst nicht mehr gegeben, in sich zu ruhen, mir nicht, mich seiner zu freuen, es war ein rastloser Kampf.

Er endete nie, außer daß mich der Schlaf dann doch wegnahm. Er brachte nie ein Ergebnis, nicht im Guten, nicht im Bösen. Dieses Traumbild sah ich zahllose Male, es verfolgte mich, wenn meine Augen sich schlossen, daß der Schlaf kommen sollte und mein Sinn vor seiner Schwelle ins Unbeherrschte abwanderte. Und ich wunderte mich, ja entsetzte mich, woher dies denn käme.

Das Südseemärchen

Gewiß hat der alte Häuptling es sich irgendwo in den Tropen erzählen lassen, vielleicht aber auch sich selber ausgedacht, wer kann es wissen. Wir beiden Bubis durften sonntags früh manchmal in sein Bett, wir lagen links und rechts von ihm und lauschten. Einmal erzählte er von einem furchtbar starken Burschen, dem er zum Spaß meinen Namen gab; ein riesenhaftes Gericht von Klößen spielte eine Rolle, Mehl- oder Kartoffelklöße, um mich zu necken, aber das war eine Verwechslung mit Bratkartoffeln, für die ich eine so große, ja schon anstößige Schwäche hatte. Die Geschichte ist mir entschwunden, aber da war noch eine andere. Sie handelte von einer verzauberten Kokospalme auf Matupi.

»Alaua war ein furchtbar starker Junge (auch er), der so schnell laufen konnte wie keiner, und springen konnte er so hoch wie eine Palme, und die sind so hoch wie ein Haus und noch höher. Er lebte auf der Insel Ulu, und er liebte ein wunderschönes Mädchen, das Siti hieß und die Tochter des Häuptlings Tupolo war, der über Ulu herrschte. Aber Tupolo war ein gemeiner Kerl und wollte seine Tochter nur einem Mann zur Frau geben, der ihm die größte Kokosnuß von der verzauberten Palme auf Matupi holte.

Aber das war nicht leicht, es galt sogar für unmöglich. Denn der Stamm dieser Palme war, weil sie ja verzaubert war, so glatt, daß kein Mensch, auch der beste Kletterer nicht, hinaufklettern konnte. Es hatten schon viele Jungens versucht, aber alle waren heruntergefallen und hatten sich dabei das Genick gebrochen. Und diese Kokosnuß war so verlokkend, denn sie war noch nie abgefallen, wie alle anderen doch jedes Jahr hinabfielen, und auch wenn ein Sturm wehte, blieb sie als einzige oben haften; und alle wußten, wenn einer sie hatte und aufbrach und ihre Milch trank, konnte er über Geister herrschen und hinter die Wolken gucken. Darum wollte Tupolo sie haben und sagte zu Alaua: ›Bring mir diese Kokosnuß, dann bekommst du Siti zur Frau, sonst bekommst du sie nicht.‹ Und dann sagte er noch: ›Hüte dich, wenn du die Nuß hast, sie selber aufzubrechen und die Milch zu trinken, denn dann bekommst du Siti nie.‹

Über alles das mußte Alaua viel nachdenken, aber eins stand fest: er mußte zuallerst zur Nachbarinsel Matupi gelangen, und weil er ein armer Junge war und kein Kanu hatte, mußte er hinüberschwimmen, und das war ein weiter

Weg übers offene Meer! Im Meer gab es Haifische, die auf Raub aus waren und einen Menschen zerfleischten und auffraßen, wenn sie ihn erwischten. Da wußte Siti Rat. ›Nimm einen Schildkrötenpanzer‹, sagte sie, ›und setz dich da hinein, da sitzt du wie in einem Boot.‹

Sie fingen die größte Schildkröte, die sie am Strand fanden, töteten sie und lösten den Panzer ab.«

Da fragte ich dazwischen: »So ein Panzer wie er bei uns über der Tür hängt? Ist der denn nicht zu klein, daß sich einer da reinsetzen kann?« So klug ging es in mir zu. Der alte Herr stutzte ein wenig, dann sagte er: »Es war ein viel größerer. Und Alaua machte sich ein breites Stück Holz zurecht, um es als Paddel zu benutzen, und dann stieg er in das Boot und fuhr ab. Es war ein weiter Weg bis nach Matupi.«

»Wie weit?« wollte Eduard wissen und bekam die Auskunft: »Ganz furchtbar weit, und kein Mensch kann so weit schwimmen. Aber als Alaua die Hälfte des Weges zurückgelegt hatte, ging der Panzer der Schildkröte kaputt und sackte ab, da mußte er nun doch schwimmen. Aber schließlich, nachdem er viele Stunden geschwommen war–«

»Wieviele Stunden?« wollte Eduard wissen, der immer alles wissen wollte, und bekam die Antwort: »Einen ganzen Tag und dazu eine ganze Nacht.« Da war Eduard zufrieden.

»Nachdem er so lange geschwommen war, erreichte er todmüde und erschöpft den Strand von Matupi, fiel in den Sand und schlief ein. Als er wieder aufwachte, war er ganz munter und machte sich auf die Suche nach der verzauberten Palme. Die fand er leicht, denn sie war höher als alle anderen, und hoch droben an ihrem obersten Wipfel hing eine einzige Nuß, alle anderen waren schon abgefallen. Sie wurde von einem Kokosmann behütet und festgehalten, den sah man nicht, er war unsichtbar. Alaua sagte: ›Das wird schon gehen‹, und er wußte, wie hoch er springen konnte, haushoch und noch höher. Er nahm einen Anlauf und sprang so hoch wie die Nuß an ihrem Zweig hing, ergriff sie mit den Händen und hing sich daran, und da konnte der Kokosmann sie nicht mehr festhalten, weil Alauas Gewicht zu schwer war, und der hörte noch, wie er ein dünnes Zorngeschrei ausstieß, das klang wie – ach ihr beiden, ich weiß nicht genau wie es klang, ich war ja nicht dabei, aber Alaua fiel wieder zu Boden und hatte die Zaubernuß in der Hand.

Darauf machte er sich wieder auf den Weg zum Strand, stieg ins Wasser, um nach Ulu zurückzuschwimmen, den langen Weg, und weil er die schwere Kokosnuß in der einen Hand halten mußte und darum nicht richtig schwimmen konnte, steckte er sie in den Mund und –« Dies war mir nun zu verwunderlich. Obgleich ich mich immer lieber ruhig verhielt und keine Zwischenfragen stellte, entfuhr es mir: »Ging denn die in seinen Mund hinein?« Denn wie groß und rund eine Kokosnuß war, das wußte ich. Der Erzähler antwortete kühnlich: »Ja, das ging. Alaua hatte einen sehr großen Mund und konnte ihn furchtbar weit aufsperren.«

Und fuhr unbeirrt fort: »Das war wieder eine lange und mühselige Reise, eine Schwimmreise, und gefährlich auch – wegen der Haifische. Aber er hatte Glück. Er war ja auch ein großartiger Schwimmer. Er konnte so gut schwimmen wie springen. Er gelangte an das Ufer von Ulu, wo Siti ihn schon sehnsüchtig erwartete; aber sie erschrak, als sie ihn so mit dem weit aufgesperrten Mund erblickte. Er sah aus wie ein böser Dämon, der sie auffressen wollte. Aber dann nahm er die verzauberte Kokosnuß aus dem Mund und sah wieder aus wie sonst.

Als er nun zum Häuptling Tupolo gehen sollte, um ihm seine Beute zu übergeben, damit er endlich Siti zur Frau bekäme, packte ihn der Wunsch, die verzauberte Nuß selber zu besitzen, um die Milch zu trinken und zaubern und hinter die Wolken gucken zu können, und er sagte zu Siti: ›Warte noch ein bißchen.‹ Da war Siti sehr traurig. Alaua hatte die Nuß in einer Felsspalte unterm Gebüsch versteckt und saß da und grübelte. Als er aber sah, wie Siti weinte, konnte er ihren

Kummer nicht mehr ertragen. Er ging zu Tupolo und gab ihm die Nuß. Da umarmte Tupolo ihn und sagte: ›Gut, nun sollst du meine Tochter zur Frau haben.‹ Und dann ging er in seine Hütte hinein, nahm ein Beil zur Hand und schlug die Nuß in zwei Hälften, daß die Milch daraus hervorquoll. Und rasch setzte er die eine Hälfte an den Mund und trank die Milch. Und was meint ihr, was ihm da geschah?«

Nein, wir meinten gar nichts, sondern warteten gespannt. Und der Erzähler sagte: »Er fiel tot um. Das kam, weil diese Milch ihm die Macht gab, hinter die Wolken zu gucken, und dazu mußte er erst tot sein. Alaua und Siti aber wurden ein glückliches Paar.«

Das war das Südseemärchen. Eine Liebesgeschichte also, und obwohl wir, die beiden Zuhörer, uns weder über die Liebe noch über den Tod viel vorstellen konnten, gefiel uns die Geschichte doch sehr. Und ganz sachte mußte ich mir Hanna, den kleinen Löwen, dabei hinzudenken.

Der Anschlag

Es fuhr an unserm Hause die Straßenbahn rasselnd und fortwährend klingelnd vorbei, und ich beschloß eines Tages, sie zum Entgleisen zu bringen.

Es war nicht, daß ich sie wegen ihres Lärmes haßte, so arg war dieser nun wieder nicht, jeder Hund brachte mehr zustande. Ich haßte sie gar nicht; sie war aber so groß und gewaltig und ihre in das Pflaster eingelassenen Schienen so schmal, und ich dachte es mir lustig, wenn sie nicht mehr in diesen Schienen dahinrollen, sondern auf die Pflastersteine überspringen und nach Belieben anderswohin rumpeln würde, vielleicht auf den Gehsteig, vielleicht in ein Schaufenster, vielleicht gegen einen Baum, vielleicht auf den weichen Rasen der Moorweide.

Anfangs dachte ich es mir so; allmählich baute ich diese Vorstellungen in die Hoffnung aus, das schwere Gebilde auch umkippen zu sehen, so daß alle Fahrgäste darin plötzlich quer säßen statt aufrecht. Das dachte ich mir ebenso lustig wie aufregend, zumal wenn es dicht vorm Haus geschah und man vom Fenster aus bequem alles sehen konnte. Vielleicht befand sich gerade ein Straßenfeger oder ein Milchmann an der Stelle, wo die Bahn umkippte, und würde unter ihr flach zu liegen kommen. Schutzleute würden herbeieilen und alle Leute aufschreiben; die Feuerwehr würde kommen und versuchen, die Bahn wieder aufzurichten, und ich war gespannt, ob die Kräfte von zehn Feuerwehrmännern ausreichen würden. Auch blieb abzuwarten, ob der Anhänger mit umkippen würde oder nicht.

Der Wunsch wich nicht aus meiner Seele, und langsam gewöhnte ich mich so an ihn, daß ich nicht mehr fand, er sei ungebührlich oder allzu schwer zu verwirklichen. Ich war sechs Jahre alt, da wünscht man sehr hartnäckig. Man konnte einen Stein in die Schiene legen, das war einfach genug. Was es sonst noch an Möglichkeiten gab, ermaß ich nicht. Zweifellos gab es welche, aber mit dem Stein war es bestimmt das einfachste.

Natürlich mußte es heimlich geschehen. Ich hatte mehrfach die Beobachtung gemacht, daß man mit Wünschen, die übers Alltägliche hinausgehen, nicht vor die Öffentlichkeit treten durfte, da sich alsdann Widerstände einstellten. Nun war schon das Überqueren der Straße streng verboten, ja beim Spielen im Vordergärtchen durften wir nicht einmal die Pforte zum Gehweg verlassen. Ich hatte mir aber einen Stein von der Größe einer Walnuß im Garten ausgesucht und verwahrte ihn einstweilen in der Tasche, bis sich eine Gelegenheit bot.

Auch brauchte ich den Schutz der Dunkelheit, mindestens der Dämmerung, denn das Hauptproblem war weniger, unbemerkt aus dem Haus zu schlüpfen, als vielmehr, meinen

Stein unbeachtet in die Schiene zu legen. Nun, da konnte man tun, als habe man etwas fallengelassen, und beim Bücken das Nötige besorgen.

Eines Tages gegen Abend fühlte ich mich plötzlich im Besitze der erforderlichen Tatkraft. Ich gab mit einem Ausruf des Erschreckens an, etwas im Garten liegengelassen zu haben, und lief hinaus. Mit einem Schlage war mir alles gleich, ich schlug jegliche Befürchtung in den Wind, man könnte mich vom Fenster her beobachten, ich lief quer durch das Gärtchen und die Pforte auf die Straße, es war dämmrig, kein Gefährt näherte sich, ich stand vor dem vordersten Schienenstrang, ich hielt meinen Schritt an, bückte mich, legte das Steinchen in die Schiene, schob hastig meine Hand in die Hosentasche, als hätte ich etwas vom Boden aufgehoben und eingesteckt, machte mich davon, ins Haus zurück.

Ich fand, ich hätte meine Sache gut gemacht, und alles war wie am Schnürchen gegangen. Niemand hatte Verdacht geschöpft, das Leben im Haus wie auf der Straße ging seinen Gang weiter. Ich stellte mich ans Fenster und wartete auf die Straßenbahn.

Aber sie kam nicht. Es kam eine und dann noch eine – in der verkehrten Richtung, auf dem gegenüberliegenden Schienenstrang. Ich biß mich vor Wut in die Hand, als zum Abendessen gerufen wurde, und trachtete, meinen Posten so lange wie möglich zu halten – aber die Bahn kam nicht. Ich wurde von neuem gerufen, mußte zum Abendessen ins Zimmer, das nach hinten lag, es half nichts, wütend war ich zum Zerspringen, soviel sorgfältige Planung und nun solch Mißgeschick, solche Entsagung! Und wahrhaftig, kaum saß ich am Tisch, da geschah es: von fern kam das Rasseln und Klingeln, gleich mußte die ersehnte Katastrophe geschehen, fast hätte ich ein erregtes Scht! über die Tafelrunde gezischt, weil Geschwätz war und nicht aufhörte. Aber nichts war zu vernehmen. Die Straßenbahn rasselte vorüber und verrasselte in der Ferne.

Das Attentat war mißglückt.

Erst am Tage danach war es mir möglich, mich auf die Straße zu stehlen zu jener Schienenstelle hin, um nach dem Rechten zu sehen. Aber nichts war da zu sehen, gar nichts, keine Spur auch nur eines zermalmten Steines. Noch im unklaren ob der Gründe des Fehlschlags, beschloß ich sofort, es noch einmal zu tun, aber es kam nie dazu, meine Tatkraft war gelähmt, wie immer das Unerklärliche uns lähmt. Ich brachte meinen Plan nicht wieder zur Ausführung, auch später nicht, als mir mehr Mittel, Einsichten und Energien zur Verfügung standen.

Es gäbe aber noch andere Übeltaten zu melden, viele mehr! Zwei nur will ich herausgreifen, die mir besonders deutlich in der Rückschau rumoren.

Im Hotel Schloß Reinbek verbrachten wir eine Sommerfrische. Der große verwilderte Garten, wo wir spielten, wies dicht mit Brennesseln bestandene Flächen auf, Urwälder von Unkraut und Gestrüpp. Ich hatte mir einen Laubfrosch mit der Hand gegriffen, und diesen warf ich in die Brennesseln. Warum? Ich war unbeobachtet, die Übeltat wurde nie gesühnt. Es war dies eine Gemeinheit sondergleichen.

Gesühnt wurde hingegen, daß wir, Eduard und ich, ein Bäumchen im Vorgarten, worin sich ein Vogelnest befand, heftig schüttelten, um die Jungen herauszuschütteln. Dies geschah in Nachahmung des Erdbebens von San Franzisco. Das wurde gesehen und streng geahndet mit Entzug des Nachtisches für eine Woche, auch das halbe Taschengeld wurde eingezogen. Haue gab es nicht. Nur den Ausspruch: »Böse bin ich nicht, aber sehr traurig.« Das saß. Manch andere Misse-, Un- und Übeltaten schlummern wohl noch im Flusse Lethe. Ich weiß nicht, ob und wann sie einmal Zeugnis wider mich ablegen sollen.

Es spukt

Des Kindes Gleichgewicht ist von Stunde zu Stunde gestört. Die Welt, die sich ihm auftut, ist ihm zwar noch ungeschmälert und ganz, von Wertungen und Forschungen nicht zerrissen, und dies ist es, was ihm nur Tiere und vielleicht die Weisen nachmachen. Aber das Glück ist es nicht, denn sein Selbstgefühl ist Stückwerk und fremder Gewalt unterworfen. Die Willkür der Stärkeren lastet in vielerlei Formen auf ihm. Stärker sind die Eltern, stärker die Nachbarn und ihre Kinder und Hunde, stärker Dienstboten, Lieferanten, Handwerker, Schutzleute; stärker aber auch und vollends überwältigend ist die Nacht, der Wald, der Schrank und das Wasser.

Nachts war ich ein Feigling. Auch heute noch muß ich die Gänsehaut, die mich in einem dunklen Wald anläuft, mit Willensgewalt und Vernunftgründen niederkämpfen. Ich lag nächtelang wach, in Schweiß, mit geweiteten Augen und angehaltenem Atem und rührte mich nicht. Das ruhige Atmen der Geschwister, die offenbar nicht heimgesucht wurden, beschwichtigte mich nicht, eher vertiefte es noch meine Verlassenheit und Not. Vielleicht hatte es mit einem Knacken im Schrank begonnen oder dem Flattern eines Nachtfalters, der an der Zimmerdecke entlangraschelte, oder auch mit der unbeschreiblichen, durch nichts bewiesenen, durch nichts begründeten, durch nichts widerlegbaren Gewißheit, es sei jemand Fremdes unhörbar ins Zimmer getreten und stehe reglos hinterm Bett, die Blicke und Gedanken unverwandt auf mich gerichtet. Und dann begann sich die dunkle Stube langsam zu bevölkern. Gelichter aller Art fand sich ein, leibliches und solches aus Luft und Dunst, Gebläh und Geschweb, Gewog und Gespinst, Kobolde, Zwerge, Ofenmänner; auch von gewöhnlicher Sorte aus Fleisch und Blut, Einbrecher, Mörder, Kohlenmänner, endlich Ratten, Schlangen und Kröten, die über den Fußboden krochen mit nichts im Sinne, als unter meine Bettdecke zu gelangen; schillernde Larven mit glotzenden Augen, langbeinige behaarte Spinnen hingen in den Gardinen. Wichte mit zu großen Embryonenköpfen stiegen emsig und leise polternd die Ofenröhre hinab und drängten von innen gegen die eiserne Tür, die gewiß nicht fest genug war, ihnen auf die Dauer, auf Nächtedauer standzuhalten.

Und wie lang die Nächte waren! Es galt, mich so fest in die Decke zu wickeln, daß nicht der schmalste Spalt mehr zum Einschlüpfen blieb. Das war der einzige Schutz, auf die Decke vertraute ich wie auf einen Panzer, in sie begab ich mich wie in eine Festung. Vor Anschlägen gegen das ungeschützte Gesicht hatte ich, merkwürdig, keine Angst. Wie gegen die Witterung, so hatte es sich wohl auch gegen die Gespensterwelt abgehärtet. Schon am Hals aber begann es, daß kein kitzliger Punkt – und jeder Zoll meines Leibes war kitzlig – preisgegeben werden durfte. Undenkbar, Hände und Arme oder gar einen Zeh, einen wehrlosen Zeh nachts außerhalb der Bettdecke zu haben.

Noch heutigen Tages oder heutiger Nacht vertrage ich es nicht, und das Vertrauen zu der Bettdecke als Schutz nicht nur vor Kälte und Zug, sondern auch vor allem bösartigem Zugriff hält wider besseres Wissen heute noch an. Ich entwickelte von früh auf eine sorgfältige Technik des Zudeckens, die darin bestand, daß ich die Decke peinlich genau um Füße, Beine und Rumpf schlug und sie bis zum Kinn hinauf wickelte, so daß ich wie in einem zugenähten Sack oder einer Mumienhülle darin geborgen lag.

Nicht einmal die Helligkeit des Morgens machte dem nächtlichen Spuk ein Ende. Dem Dämmer entstiegen neue Geschöpfe, jede Stunde gebar die ihren und erforderte neues Wachsein. Geschah es doch einmal in solch einer Nacht, während ich hellwach mit gespannten Sinnen dalag, auf das Schütteln der Bäume draußen im Regen lauschend, daß plötzlich das Licht aus dem hängenden Schirm von der Decke lautlos erglühte, ohne daß jemand den Schalter angerührt hätte. Das Zimmer war fahl erhellt und wie ausgezehrt, und ich hielt stille, denn wie hätte ich es wagen können zu rufen! Von elektrischen Leitungen und ihren Möglichkeiten des Wackelkontaktes und sonstiger technischer Unordnung wußte ich nichts, ich nahm nur das Unbegreifliche und Drohende wahr. Dies war ja kein Tagesgruß, sondern Nachtspuk, ich lag ihm Aug in Auge gegenüber, starrte das schreckliche Licht an, gewärtig, eine Gestalt würde sich daraus lösen, bis unter der Heraufkunft des Morgendämmers, das sich durch strömenden Regen stahl, die immer noch glühende Lampe ihre Macht allmählich verlor.

Und immer der Unsichtbare, Lautlose, der in einer Ecke des Zimmers stand, schräg hinter mir, und auf mich hin starrte. Drohend.

Aber Schrecknisse gab es auch tagsüber genug. Zu ihnen gehörte eine Besenkammer, in der es rumorte und raschelte, wann immer man daran vorbeiging, sie beherbergte reizbare Geister, und namentlich der Boden droben unterm Dach, der alles aufbewahrte und neugebar, was es an Schauernis gab, und zu keiner Stunde von seiner verschwiegenen Übermacht einbüßte. Es gehörte zu dem Schlimmsten, was geschehen konnte, auf diesen Boden zu müssen, und es war auch nie ein Einspruch dagegen möglich, denn wie aller Verzauberungen war es das oberste Werk auch dieser, die Zunge zu lähmen. Wieviel Schwarze Magie wäre auf der Welt schon unwirksam geworden ohne diese ihre unfehlbare Waffe!

Der Boden war nämlich von unabsehbarem Gerümpel erfüllt, das ihn, bis zu den Dachsparren gestapelt, in schroffe Landschaften, Grotten, Gänge und Winkel, in Labyrinthe einteilte. Es gab Versammlungen von breitschultrigen Schränken, vierschrötigen, gedrungenen Gesellen, die wie Ruinen alter Festungen in Erinnerungen versunken standen, doch sie nicht preisgaben. Oft schien mir auch, solch alte Schränke wiegten sich leise hin und her wie Schiffswracks auf sanfter Dünung. Eine riesenhafte Truhe trug zwar ein Vorhängeschloß, doch das täuschte nicht darüber, daß sie Schlangenleiber barg, bereit zum Überquellen, wenn man an den Deckel nur rührte. In anderen Ecken lag und stand in Schutthalden von Hausrat alles durcheinander: leere Blumentöpfe, Stapel von Büchern, abmontierte Kronleuchter, aufgerollte Teppiche (was war darin eingerollt?), eine Modellbüste für Schneider, umgestülpte Polstersessel mit heraushängenden Eingeweiden, ein Eisenofen mit Rohr wie ein drohender Kriegsmann, der vor einem Trümmerfeld alter Vasen und Schüsseln Wache hielt. Ein Trost noch, wenn Wäschestücke dahingen, Anklänge aus vertrauter Welt, wiewohl sie, wenn sie sich im Luftzug bewegten, um so unheimlicher wehten wie Gespenster.

Dieser Boden war gewiß die Brutstätte für die Schauer der Nacht, die von ihm wie von der Besenkammer ausgingen und das Haus durchkrochen. Nicht umsonst hatte ich von dort her Schritte gehört, die leise hin und her tappten, scharrten und schlurften und sich noch bedachten, die Treppe zu begehen. Nicht umsonst hatte ich im Ofen Atemzüge und in den Schränken das Rascheln von Kleidern vernommen und mit eiskaltem Entsetzen gesehen, wie ein alter Koffer sich plötzlich von selber gemächlich gähnend auftat.

Viele Dinge, die unmöglich waren und doch geschahen! Begann sich nicht plötzlich bei hellem Tag der Globus auf dem Bücherschrank zu drehen? Stand nicht einmal, als ich zur Haustür hinauswollte, ein gelber Mann im Windfang und war wieder verschwunden? Lugte nicht eines Abends eine bleiche Maske, die das ganze Fenster ausfüllte, ins Zimmer? Weiß man da noch, was sich wirklich begab oder nur heimlich, und war das Heimliche denn nichtig oder nicht vielmehr furchtbar und grausig, war der Fluch, es sehen zu müssen, nicht zuviel für das kindliche Maß?

Man spielte sich auf. Das gab ein wenig Erleichterung. Man schlug Horden von Mamelucken, Hunnen und Hottentotten mit der Kraft des Armes oder der Schärfe des Schwertes in die Flucht, ihrer Abertausende hinmetzelnd, man ritt erobernden Reiterscharen schneidig voran mit dem Goldhelm auf dem Haupt, in Staubwolken gehüllt, zerstörte Städte und Reiche, erlegte Riesen und Drachen, um zur Nacht vor den Nachkommen der Ungeheuer, vor den Zwergen, Schlangen und Spinnen und ihrer Rache zu zittern. Man tat, zur äußersten Verzweiflung getrieben, das Letzte und mühte sich um die Schwarze Kunst. Die Ballade vom Zauberlehrling, der seinen Besen Wasser holen läßt, kann auch Kinder betören. Sie steht an Tiefsinn den orphischen Urworten nicht nach, aber sie hat die Wirkung der Tat und Untat, des Bildes, des Schauplatzes vor ihnen voraus; ein Dämon erscheint darin und ist in die denkbar verrückteste Gestalt, die eines Besens gefahren!

Ich hörte die mit ihren knappen, atemlosen Versen gesagte Begebenheit früh, und sie schlug in mich ein. War nicht vor allem aus ihr zu entnehmen, daß man das Zaubern erlernen könnte? Oh, ich wollte das entscheidende magische Wort schon nicht vergessen. Eine bestimmte Ordnung der Kräfte, eine Auswahl der Sprüche, eine geheimnisvolle Figur, in die Luft geschlagen – ja, ich würde meinen Mann stehen. Macht über Gespenster, Tiere und Möbel würde ich gewinnen. Und ich sah schon im Geiste, wie in der Rumpelkammer und auf dem Boden die Schränke, Öfen und Koffer, die Schneiderbüsten und die Spinnen nach meiner Pfeife tanzten und vor mir krochen und mir dienten. Daß nichts aus alledem wurde, daß alles nur ein Spiel blieb, wenngleich mit steter Versunkenheit und inbrünstigem Ernste betrieben, daß sich der rätselhafte Meister nicht fand, mich in die Lehre zu nehmen, das war schwer zu verwinden, es zog sich durch Jahre der Sehnsüchte und Enttäuschungen. Aber ein einziges Mal schien sich ein magischer Griff, freilich ein ganz unerwarteter, mir zu enthüllen: das Geheimnis der Schönheit trat mir vor die Seele. Es geschah eines Tages, daß das in einer Zeitschrift abgedruckte Buntbild eines Frauengesichtes, einer Schauspielerin mit smaragdenen Augen und roten Haaren, mir als schön erkennbar wurde und Macht über mich gewann. Diese Macht wuchs ins Arge und Törichte, dergestalt, daß meine Sinne eigene Wege gingen, daß ich ins Spinnen geriet und geordneter Empfindungen nicht mehr fähig war, erkennend, es müsse dies auch eine Zauberei sein – eine Einsicht, die mich vollends verwirrte und bis zu den schamlosesten Hoffnungen trieb: wie, wenn es mir selber gelingen möchte, schön zu sein?

Aber wie, zu welcher Zeit und Stufe des Lehrganges und von welchem Meister war so etwas zu erlernen? Doch wie der Wald und das Meer, so hat auch ein Gedankengang seine Natur, und zwar eine, die wie jene der heilenden Kräfte nicht ermangelt. So ging denn mit der Zeit meine Entdeckung mitsamt ihren absurden Schlußfolgerungen in einem Nebel von Scham, Zweifel und Entmutigung verloren, wie sich's gehörte, und die einzige Folge war meine dumme und eitle Sehnsucht.

Eines anderen, ernsthafteren Gewinnes sei froher gedacht, nämlich der späteren Erkenntnis, daß das Schöne wirklich seine Magie habe, daß bei der Narrheit, Fehl oder Adel einander entsprächen, und weiter, daß das Edle und Große seinen eigenen Zauber habe, und noch weiter, daß es heldisch gesteigert und zu hoher Weisheit und Würde gebracht werden könne, womit die Höhe des Menschlichen erreicht sei.

Es sind nicht die Einfältigsten, die mit der Gespensterfurcht beginnen, das Wagnis des Lebens zu begreifen, es sind die Gottlosesten nicht, die das Unheimliche anerkennen, die Feigsten nicht, die wissen, was Furcht ist. Die Besten haben ihr schaudernd ins Auge gesehen und haben aus ihr, der Furcht erst, das köstliche Geschmeide des Mutes geschmiedet. Mit Spuk und Zauber sind manche aufgewachsen, deren Besonnenheit dann über schlimme Zwielichter siegte, und doch haben sie das Zwielicht nicht verleugnet. Wer das tut, den fordert es eines Tages um so gnadenloser ein. Seine

Spuren bleiben in den Zügen der staunenden Seele haften wie Furchen von zu tiefen Rädern, und immer noch nistet das Unsägliche und Unbegreifliche darin, das Grenzen nicht hat.

Der Greuel des Radaus

Von den Geräuschen im Ofen bis zu anderen technischen Vorgängen, die unheimlich und unerklärlich oder roh und ungestüm oder gemein waren, war nur ein Schritt. Nicht minder als das Kratzen, Schaben und Rollen im Kamin wurde mir das ohrenbetäubende Zischen und Rauschen der Wasserspülung auf der Toilette verhaßt, schienen doch auch hier gehässige Unholde ihr wüstes Wesen zu treiben. Meine Furcht vor ihnen führte dazu, daß ich mich oft von diesem Orte wegstahl, ohne den vorgeschriebenen waghalsigen Griff an die Zugkette getan zu haben – was dann aber in der Regel entdeckt und logisch auf mich zurückverfolgt wurde, indem der Entdecker, anstatt die Sache einfach mit einem Handgriff gutzumachen und taktvoll auf sich beruhen zu lassen, einen gewaltigen Aufruhr im Hause stiftete, der zu meiner harten Bestrafung meistens in klingender Münze führte.

Wagte ich es aber doch, das wilde Hervorbrechen des Wassers zu entfesseln, so tat ich es erst, nachdem ich die Tür zuvor geöffnet hatte und mit einem Fuß schon auf der Schwelle des Korridors stand, um mich, sobald das infernalische Getöse anhob, in panischer Flucht in Sicherheit zu bringen. Das Rauschen allhier war aber auch wirklich ein Ausbund technischer Raserei. Die Fontäne, die hervorbrach, hätte genügt, einen mannshohen Dunghaufen vom Boden zu fegen oder einen Augiasstall weißzuscheuern, und wenn sich der Kasten droben nach diesem berserkerhaften Kraftaufwand wieder füllte, war es gleichfalls ohrenbetäubend und wollte kein Ende nehmen. Mir schien es immer ein unsinniges

Mißverhältnis zwischen Aufgabe und Aufwand, wenn das Geringfügigste, das zu bewältigen war, mit denselben überlebensgroßen Mitteln angepackt wurde wie das denkbar Gewaltigste.

Ein solches Mißverhältnis drückte sich für mein Empfinden auch in dem verrückten Naturphänomen des Hundegebells aus. Was, Mißverhältnis? Es ist überhaupt kein Verhältnis! Nichts und abernichts wird damit in Beziehung gesetzt, geregelt, geändert oder erzielt – das Hundegebell jedoch ist eine vollendete Absurdität.

Einer der häßlichsten Laute im Naturreich, wohl der häßlichste, den es überhaupt gibt, ohne irgendwelchen klanglichen Charme, schien mir immer das seltsamste an ihm, daß die Menschen seiner nie müde werden, sondern ihn im Gegenteil herbeisehnen und mit der zärtlichen Beschwörungsformel »Wie spricht der Hund?« hervorzurufen trachten.

In unserer Nähe, auf der Straße wie in den Gärten, war viel Hundegebell, -gekläff und -gekeif, von den Donner- bis zu den Fistelstimmen, ein ohrenbetäubender, nervenzerrüttender, vollkommen sinnloser Radau, durch den nicht das allergeringste Gute, Nützliche oder Angenehme gestiftet wurde, außer allenfalls in der Kehle des Hundes, der sich auf diesem Wege gewisser Reize und Bedürfnisse entledigte. Daß jeder Wauwau das Recht hatte, einen harmlosen Spaziergänger, nur weil dessen Beine sich bewegten, mit hallenden Böllerschüssen oder metallischem Schnellgehämmer zu begeifern und aus den Fugen zu bringen, bedeutete für mich ein Sinnbild der Unordnung und Begriffsverwirrung, die es neben allem Schönen in der Welt zu geben schien.

Gewiß doch ist der Haus-, Hof- und Wachwauwau, wenn er ist, wie er sein soll, das Sinnbild der Gastfeindschaft und des Fremdenhasses, und wenn man in einem Haus, das man in freundlicher Absicht betritt, an der Schwelle von den tobenden Bekundungen eines Hasses empfangen wird anstatt mit einem Willkommensgruß, so bleibt einem nur, das Haupt zu verhüllen und die Flucht zu ergreifen.

Auf Vorstellungen meiner armen Mutter, geduldige oder gereizte, ob der Unsinnigkeit des Vorganges wie der Pein für sie und andere, zeigten sich die hundehaltenden Nachbarn, wie alle Hundebesitzer, aufs äußerste empört: Cäsar, hieß es, belle ja gar nicht; oder aber: er sei ein Wachhund, er solle und müsse bellen, dazu sei er ja da, auch entspreche es seiner Natur, und nichts sei daran zu ändern. An der verwundbaren Nervenverfassung, die sie mit sich schleppte, war nicht zum wenigsten dieser nachbarliche Cäsar oder Hektor schuld, oder vielmehr nicht er, der nicht an seiner Beschaffenheit Schuld trägt, sondern sein Herr und seine Herrin.

Ich entsinne mich eines kleinen dünnen Terriers, der sich gewissenhaft täglich zu einer bestimmten Stunde auf der Straße uns schräg gegenüber aufstellte, eigens um der Leidenschaft des Bellens zu frönen. Er bellte nicht etwas oder jemanden an, er war nicht erregt, hatte nicht Freund noch Feind, fühlte keine Schmerzen, keine Freuden. Er stand einfach da und bellte in die Luft. Vorübergehende mußten in ihren Gesprächen innehalten, da sie ihre eigene Stimme nicht mehr hörten. Manchmal fielen andere Wauwaus in das Konzert ein, hielten es fünf oder zehn Minuten durch und gaben dann auf, doch dem Terrier kam keiner gleich. Seine Natur äußerte sich so, sein Gekläff gehörte zu ihm wie der Flug zum Vogel, das Netz zur Spinne. Er war das Perpetuum mobile eines Kehlkopfes, zum Schaudern war es, und ich grübelte, was es zu bedeuten habe. Aber wenn das Tier nach einer guten Stunde perfekten Lärms befriedigt abzog, ließ er mich mit einem ungelösten Rätsel zurück.

Einmal blieb ich bei einer Bellmaschine stehen, die mich aus einem Gartenzaun hervor mit solcher Wut angeiferte, daß es mich kalt überlief. Ich sah dem Tier ins Auge, das blutunterlaufen und vor Wut blind war. Mein Blick brachte es vollends außer sich, es warf sich bebend hin und her, sein

Geifer troff ihm vom Maul, es raste und schnob, heulte und keuchte so ohrenbetäubend, daß seine Herrin herzuschoß, eine hoch- und vollbusige Dame, und mich ankeifte, daß es nicht zu beschreiben ist und ich nicht weiß, mit was für Worten sie keifte.

Es war aber wohl die Frage dabei, warum ich da stünde und gaffte, und so etwas wie: »Ich wollte gern wissen, warum er so bellt«, stotterte. Aber meine Rede wurde von dem Höllenlärm verschlungen, ich mußte meinen zaghaften Satz mehrmals wiederholen. Aber da hätte man die Dame hören sollen! Als sie begriff, kreischte sie: »Er bellt, weil du hier stehst und gaffst, dummer Bengel! Mach daß du weiterkommst!« Ich hatte es mit der Logik, ich stünde hier und gaffte, weil er bellte, nicht umgekehrt, aber das zu artikulieren, reichte mein Mut nicht, ich wandte mich entsetzt zur Flucht. Die vollendete Idiotie, die unbeirrbar an sich selber glaubt und sich im Recht weiß, schlägt uns nun einmal die Waffen und Argumente aus der Hand. Später wurde mir auch einmal bedeutet, daß Hunde spürten, wenn ein böser Mensch da sei, und dann reagierten sie mit Bosheit. Wohl blieb das zu erwägen. Da hieß es, mit sich zu Rate zu gehen...

Wir aber wuchsen mit den sammetpfötigen, schnurrenden, unerziehbaren, ganz und gar eigenwilligen Katzen auf, die wir liebten, die sich ein Löchlein sorgsam im Hof gruben, wenn sie etwas zu erledigen hatten, wobei wir gern zusahen und uns an der akkuraten Arbeit freuten; die sich den Teufel um menschliche Maßstäbe kümmerten, wenn sie etwas anderes im Kopf hatten, und die keine Bewegung taten, die nicht voller Anmut war – und die niemals bellten.

Wir liebten sie sogar so, daß wir eine besondere Zärtlichkeitssprache für sie hatten, die wir intuitiv beherrschten, ohne sie gelernt zu haben, und die nur noch ganz entfernte Anklänge an normales Hochdeutsch hatte. Es war unsere Katzensprache und keiner außer uns verstand sie, allenfalls die Katze selber – wenn ihr die Laune danach stand.

Tod und Teufel

Viel früher als man späterhin anzunehmen pflegt, unerträglich früh und auf allzu umdunkelte Weise, als daß das Gedächtnis es deutlich aufbewahren könnte, wurde die Ahnung vom Tode, dann aber auch seine Gewißheit nebst seinem Konterfei mitten in die harmlosen Erlebnisse der Seele geschaltet. Hätte sie sich nicht mit Träumerei und Trübung gewappnet, sie wäre vor Angst und Not schier zerschmolzen.

Als der sichtbare Anblick des Todes, eines seiner hunderttausend Bildnisse, und nicht sein schonendstes, mir zum ersten Mal auferlegt wurde, hätte er, sollte man meinen, mich vor Entsetzen außer mich bringen müssen, weil es zugleich der erloschene Anblick meiner schönen, sanften Mutter war. Doch war dies nicht der Fall; vielmehr tat die Majestät des eben vollendeten Geheimnisses ihre beschwichtigende Wirkung.

Als ich die Entrückte sah, standen weinende Menschen (aber sie weinten nur leise) rundum, und ich nahm mir vor, nicht jetzt, sondern bei passenderer Stunde ein Wiedersehen herbeizuführen, ihr eine letzte Ehre zu erweisen. Am Abend bot die Gelegenheit sich. Es waren Trauergäste im Haus, aus deren gedämpftem Beisammensein ich mich in das Sterbezimmer stahl, wo sie vereinsamt und sehr nachdenklich beim Schein einiger Kerzen im Bett lag.

Ich begriff hiervon mit den Maßen meiner sechs Jahre wenig, und doch war mir eine undeutliche Vertrautheit mit dem Geheimnis gewährt, gewoben aus der schmerzlichen Seufzersilbe oh, aus ein paar krassen Szenen der Kasperlebühne, aus einem schreckensvollen Erlebnis, von dem gleich die Rede sein soll, aus Munkeln und Hörensagen und hier und da einem Bilde aus einem Buch. Es war eine Vertrautheit, die bald beklemmend war wie ein schwerer Alp, bald friedlich und sanft wie die Tote selber, deren Schönheit sich noch ins Unwandelbare gehoben hatte.

Ich faßte ihren Arm an. Ich wollte ihn bewegen, aber er war unbeweglich, fest wie ein Brett, und es erstaunte mich sehr. Ich verharrte betroffen, ich hielt eine Weile die Wache, ich weiß nicht wie lange, die Zeit stand ganz still. Ich tastete mit meinen Blicken über das verschlossene Antlitz hin. Es glich an Weiße dem Bettuch, in das es gesunken war. Ihre kastanienbraunen Haare waren farblos geworden.

Sollte ich in sie dringen, wiederzukommen? Denn offenbar war sie entflohen. Ihre lose gefalteten Hände waren aus Wachs. Tief waren ihre Augenlider eingesunken. Meine Gedanken schwammen, haltlos trieben sie in Nebeln. Ein eigentümlich scharfer Geruch, der an Großreinemachen erinnerte, herrschte im Raum. Ich wunderte mich, daß ich nicht trauerte, nicht weinte.

Dann wurde ich durch Gäste, die sich auf der Treppe dem Zimmer näherten, verjagt. Ich stahl mich geschwind wie ein Dieb zur Tür hinaus und hoffte, ich möchte ungesehen bleiben, aber dabei huschte ich ja den Kommenden geradenwegs entgegen. Sie ließen mich schweigend passieren, und ich wahrte das Gefühl, es habe sich etwas abgespielt, das durchaus unter vier Augen bleiben müsse, zwei offenen und zwei geschlossenen, und keine Zeugen duldete.

Im Ohlsdorfer Krematorium, dem alten, das aber damals noch neu war, gab es eine abscheuliche Veranstaltung. Der mit Blumen hochbeladene Sarg stand auf einer versenkbaren Lade, die nach dem Verklingen der schauerlichen Töne eines Harmoniums vor den Augen der Trauergemeinde mit ihrer Last in die Tiefe sank. Es wirkte aber nicht feierlich, sondern wie ein billiger Trick auf einer Zauberbühne. Und nicht genug damit, sondern es schob sich, als der Sarg verschwunden war und die Berge der Blumen und Kränze ihm unordentlich nachgerutscht waren, ein Rolladen über das Loch, auch dies wieder ein zauberbühnenhafter, makabrer Effekt, mit dem recht kraß veranschaulicht wurde, was sich begab.

Eine Lücke war gerissen und wurde nun künstlich und

hölzern geschlossen, eine Schublade wurde zugemacht; und nun nahmen drunten die Flammen den Leichnam in Empfang. So barbarisch war jene Einrichtung des alten Krematoriums, daß oben zum Schornstein schwarzer Rauch hervorkam, was ich freilich erst sehr viel später entdeckte und begriff.

Dieses magische Verschwinden des Kastens mit seiner viel zu kostbaren Fracht in die Tiefe, die schneeweißen Blüten, die teils mit hinabsanken, teils zur Seite rutschten, was einen elenden Eindruck des Zufalls und der Unordnung machte, und der Rolladen, der sich darüber schloß, dies alles erfüllte mich mit einem namenlosen Bangen, auf das ich nicht vorbereitet war und das nicht aufhören wollte in mir nachzuzittern. Solange ich unter diesen Eindrücken stand, umfingen mich Scham und Furcht, über den Tod nachzudenken und mehr von seiner Furchtbarkeit und Ungewißheit in mich eindringen zu lassen. Ebensoviel wurde über seine Geheimnisse gemunkelt wie über Gott, den sie den »lieben« nannten, und ich ahnte, daß beide dasselbe sein müßten, aber keiner von ihnen war mir darum heller und klarer.

Doch er, der Tod, ließ nicht auf die Dauer in dieser undeutlichen Art mit sich Versteck spielen, sondern überfiel mich eines Tages und trieb einen makabren Schabernack mit mir, indem er mir ein Bild vorhielt, das zwar nur grobe Täuschung war, aber mit so gräßlichem Beiwerk ausgestattet, daß er mir, wie mir schien, unbeschönigt sichtbar wurde und lange, ja unvergeßlich und zahllose Eindrücke begründend, mir nachging. Zu einer winterlichen, trüben Nachmittagszeit, bei schneeigem Himmel und nassem Boden, trug eine Gruppe von Leuten eine Gestalt auf eine Brücke, die über einen Kanal führte. Der Kanal – es war einer jener innenstädtischen Wasserzüge, die man Fleete nennt – barg stehendes, fauliges, maßlos verunreinigtes Wasser, es schwammen Obstreste und bläulich schillernde Ölflecken darin, der schlammige Grund war nicht sichtbar, aber es stank; und die ganze Gegend mit ihren rußgeschwärzten Häuserfronten, deren Dächer sich im Nebel verloren, war verwahrlost, traurig, einsam und grau.

Die Leute trugen die Gestalt, die nackt und schwarz war und sich ganz steif hielt, auf die Mitte der Brücke und hoben sie auf das Geländer, und ich mußte sehen, daß ihr die Beine schon abgehackt waren. Dann stürzten sie sie hinunter. Das trübe Wasser plantschte träg und nahm seine Beute saugend entgegen wie einen Fraß. Die Gestalt war sogleich danach nicht mehr zu sehen.

Das verfolgte mich in meinen Träumen. Ohne Ende mußte ich über diesen Vorfall nachdenken, er wich nicht von meinen Augen. Ich war Zeuge einer Grausamkeit gewesen, die man tief in sich verschließen mußte, um sie zu überstehen, die man aber auch nicht vergessen konnte, denn es gab das Gesetz, daß die sanften Furchen sich einebneten, die tiefen aber nicht. Ich hatte einer Tat beigewohnt, die zu den Nachtseiten des Lebens gehörte, ich war Mitwisser des Todes geworden, hatte hinter die Kulissen geschaut.

So war die Welt: man warf jemanden, wer weiß, warum, in den Kanal, schweigend; solches durfte geschehen, dies gab es. Ich wußte es nun, ich durfte es mir nur nicht anmerken lassen. Denn auch hier bestanden, ähnlich wie bei der Liebe, Schweigegebote. Der Tod kam nicht nur schön und majestätisch, alle Fragen vor seiner Größe und Macht zerstreuend, sondern auch so kalt und infam daher, so abschnürend von allem Versöhnlichen, daß selbst einer, der ihn litt, still und steif blieb und es wie ein Gelähmter über sich ergehen ließ. Denn fast das Gräßlichste schien es mir, daß die Gestalt nicht geschrien, sich nicht gewehrt und auch nicht um sich geschlagen hatte.

Daß ich aber das Opfer einer plumpen Täuschung gewesen war und daß es sich um eine ausgediente Schneiderbüste gehandelt haben mußte, derer man sich auf so bequeme Art entledigt hatte, wurde mir erst viel später klar.

Dennoch, all dies war noch nicht das Ärgste; das Ärgste war die Verdammung. Als ich erfuhr, daß es eine Verdammung gebe, die in einem nebelhaften, uferlosen Jenseits wirke, in das uns der Tod warf, und die für alle Ewigkeiten gelten solle, ein unvorstellbares und unwiderrufliches Strafmaß, da glaubte ich den Verstand zu verlieren. Daß ein zartes, ungehärtetes Gefäß solch betäubende Tränke fassen kann, ohne zu zerspringen, erscheint kaum glaublich, und wie es zugehen mag, weiß der allein, der uns gemacht hat.

Daß der Tod etwas Maßloses sein würde, stand ahnungsvoll fest. Also waren seine Beseligungen wie seine Verdammungen ebenso maßlos. Welcher Natur die Beseligungen sein würden, davon kündete die Mär vom Himmel über den Wolken; aber dies Garn wurde zu leichtfertig gesponnen, war zu schnell bei der Hand, als daß sich nicht Zweifel und das Gefühl, es handele sich nur um eine Redensart, mit eingeschlichen hätten. »Mach mich fromm, daß ich in den Himmel komm«, hieß es im Gebet. So war der Eintritt dort an die Bedingung des Frommseins geknüpft? Aber was war das? Ich sprach mit Gikikei darüber. Wir legten eine Reihe von mutmaßlichen Eigenschaften fest, die den Eintritt in den Himmel erwirkten, und von anderen, die ihn versperrten. Solche waren auf der einen Seite Zuckerstehlen, Lügen, Tierequälen, Sachenkaputtmachen, auf der anderen Zuckerwiederzurücklegen, Wahrheitsagen, Singenkönnen, Weitsprung, saubere Fingernägel. Wir bekamen etwas mehr auf der Himmels- als auf der Höllenseite zusammen; rechter Trost ging aber davon nicht aus. Gikikei, wenn auch als Spielgefährte unschätzbar, erwies sich in solchen Untersuchungen als undeutlich.

Und wollte es mit dem Himmel nicht gelingen, weil es an Tugenden fehlte oder der Sünden zu viele waren – trat dann gleich das andre, die Hölle in Kraft? Gab es Zwischenfelder, Gnadenfristen, Wartehallen, Probeaufgaben? Gab es ein

Sichwehren? War das eine wie das andere endgültig? So nämlich schien es nach allem, was man hörte.

Was denn aber nun eigentlich in der Hölle vor sich ging, davon gab es keine sichere Lehre und Kunde, denn die entsetzliche Vorstellung von den Feuern, in denen man brennt, war mir damals noch nicht bekannt, und auch das Schreckensbild des heiligen Franz, wie er in der Pfanne schmort, von Wilhelm Busch, dem Erzschelm, in der »Frommen Helene« gezeichnet, war noch nicht in mein Blickfeld getreten. Alles blieb vorerst der eigenen Ausmalung überlassen. Die schon regen Kräfte der Einbildung, Riesenkräfte waren es, arbeiteten mit Eifer. Mit Fiebereifer!

Wenn es eine Hölle gab, so gab es die Mitleidslosigkeit, und ihr Schauplatz stand so vor meinem Blick wie der feurige Widerschein eines fernen Vulkans dem Seefahrer sichtbar wird, lange bevor der Bergkegel aus dem Horizont auftaucht.

Denn als ich erfuhr, daß es eine Hölle gebe, stand mir sogleich fest, daß ich sie zu erfahren haben würde. Mit weit vorgerecktem Hals und aufgerissenen Augen lugte ich in die undurchdringliche Schwärze dieses Geheimnisses hinein. Wenn es sie gab, wartete sie auf mich, denn ich war ja nicht fromm. Und das Feuer wurde mir nun gar eines Tages vertraut, denn ich verbrannte mir die Fingerspitze an einem Bügeleisen und wußte fortan, was es auf sich hatte mit der kochenden Glut, den schwefligen Flammen, der knisternden Lohe.

Und da es dies alles gab, mußte es auch den geben, der dessen Meister war. Die Hölle war nur eine Drohung gewesen, erst der Teufel machte sie wirklich. Ob es der vom Kasperletheater war mit dem feuerroten Gesicht und den zwei Hörnern, hämisch grinsend, oder ein anderer, entschied ich nicht. Aber vor dem Namen und Bilde des Teufels war eine Zeitlang alles andere ausgelöscht.

Natürlich fand ich ihn nicht. Wie sollte ich wohl? Manchmal kam es mir vor, als sei er in den Mienen fremder Gesichter verkrochen. Aber wenn man genauer hinsah, war es nur ein Mienenspiel, das durch eine Laune der Natur so gemodelt war, daß es aussah wie vom Teufel gemacht. Nein, ich fand den Schlupfwinkel des Unheimlichen nicht, dazu reichte weder meine Kraft noch meine Klugheit noch meine Schlechtigkeit hin. Zur Tat in des Teufels Namen, die im Sinne der Kinderstube und der Lesebücher die Untat ist, gelangte ich nicht – nochmal, wie sollte ich wohl? Obwohl doch das Leben des Kindes Versuchungen in Menge und Fülle bietet, Möglichkeiten zur Missetat, die in ihrer Art so schwer wiegen wie die weitreichenden ruchlosen Unternehmungen der Großen, und obwohl meine Gedanken auch die entlegensten und gewagtesten von ihnen zu umfassen vermochten.

Manchmal war mir zumute, als stünde ich nahe am Ziel, das ich mit nichts errungen und verdient hatte, dicht vor Erkenntnissen, die alles entschleiern würden, haarscharf am Rande des alles Wissens, ein Gott. Oft fühlte ich mich ja schon körperlich, in jenem Spiel, das ich mit Vorliebe beim Eisenbahnfahren spielte, als ein überlebensgroßer Herkules, dem schier nichts unerreichbar war, was Körperkraft, Ausdauer und Gewandtheit bewerkstelligen konnten.

Langsam verschoben sich, indem sie gröber und dichter wurden, die Gewichte. Vertrauen auf das Leben faßte mich an. Meine Gesundheit, die um diese Zeit einsetzte und Raum und Übermut in mir gewann, als sei mein Körper, dieses wunderliche Ding, über das ich regierte, zur Widerspenstigkeit und Machtentfaltung gesonnen und habe beschlossen, seine Rechte auf eigene Faust in die Hand zu nehmen, sie führte mich weiter und weiter von den Dämmerungen und Zwielichtern fort und brachte es schließlich zuwege, sie zu vergessen.

Ich trauerte ihnen nicht nach.

Ich bin klein, mein Herz ist rein

Im »Umgang« mit dem Teufel fand ich allmählich heraus, daß sein Fall verwickelt und schwer verständlich war und daß selbst die Alten nicht aus ihm klug wurden. Einerseits hatte er es arg mit dem lieben Gott verdorben, soviel stand fest; andererseits mußte er allerhand undurchsichtige, aber nicht zu verachtende Machtbefugnisse haben. Ich hatte sogar davon läuten hören, daß er den hohen Titel eines »Fürsten dieser Welt« führte, ein Titel, der es in sich hatte. Hinwiederum war es verwirrend, wie aus vielen Geschichten hervorging, daß er seine Schwächen hatte und unter Umständen ganz leicht übertölpelt werden konnte, und zwar von ganz einfachen Leuten, von Bauern oder Schneidern – von Biedermännern und Pfiffikussen. Es mochte also späteren Zeiten überlassen bleiben, was es mit dem Teufel auf sich hatte. Für mich war es wohl richtiger, mich an Gott zu halten, der nie als tölpelig hingestellt wurde.

Der liebe Gott spielte bei mir eine große Rolle. Ich stand mit ihm auf formal-gottesfürchtigem Fuße. Die Vokabel »Gottesfurcht« pflegt auf etwas Tugendsames und Frommes hinzuweisen, was aber auf mich nicht zutraf und auch wohl sonst, nimmt man es mit ihr genau, in der Regel nicht stimmt. Meine Gottesfurcht war gewöhnliche Furcht, ja Bangigkeit, ja Feigheit, da gibt es nichts zu beschönigen. Gott, ob lieb oder nicht, war der unvergleichlich Stärkere, man durfte es mit ihm nicht verderben.

Eine der grundlegenden Lehren, die es gab, handelte von der Notwendigkeit und Tugend des Gebetes, und so betete ich häufig zu ihm. Ich betete sogar so viel, daß es an Lästerlichkeit grenzte und den lieben Gott, hätte es ihn gemäß meiner Vorstellung gegeben, äußerst ungeduldig hätte machen müssen, ungeachtet all seiner Liebheit. Während man sich doch in Wirklichkeit das Göttliche, will man es mit menschlichen Maßen vergleichen, als die reinste, die unerschöpfliche Geduld vorstellen muß, den Urgrund schöpferischer Geduld jenseits aller Geschöpfesmaße, war mir der Gedanke, Gott könne die Geduld verlieren, zumal mit mir, sehr vertraut. Ich befand mich in beständiger Sorge vor seinem Stirnrunzeln. Häufig war das Motiv meiner Gebete, die Ungeduld, die er mit mir haben mußte, zu beschwichtigen.

Ich bemühte ihn aber auch an allen Ecken und Enden. Ich ging nicht so weit wie jene sizilianischen Banditen, die die Muttergottes demütig um Beistand anflehen, wenn sie jemanden totschlagen wollen. Aber wohl betete ich, es möge Bratkartoffeln zu Mittag geben. Ich betete, es möge nicht ans Licht kommen, daß ich es war, der auf der Toilette nicht gezogen hatte. Ich betete um Regen, damit ich nicht zum Spielen auf die Straße geschickt werde. Ich betete, meine Verletzung am Finger möge erstens aufhören zu bluten, denn ich hatte schlimme Angst vor dem Verbluten, auch aufhören zu schmerzen, und drittens nicht in Blutvergiftung übergehen, vor der ich gleichfalls Angst ausstand. Alle drei Bittgebete hielt ich getrennt voneinander ab, jedes gesondert, da ich dies schicklicher fand. Ich betete um die Fähigkeit, das Gedicht, das ich lernen sollte, rasch und mühelos auswendig zu können. Ich betete sogar – und das war doch wohl der Höhepunkt des Gottvertrauens –, daß ich es gar nicht gewesen sein möge, der dies oder jenes getan hatte, das der Strafe entgegensah, obwohl ich es einwandfrei gewesen war und es einwandfrei wußte.

Bei alledem achtete ich streng darauf, daß meine Hände untadelig gefaltet waren, denn ich war überzeugt, daß ohne diese Maßnahme ein Gebet nicht zu Gott gelangte oder, wenn es schon hingelangte, nicht für voll genommen und erhört werde. Wenn ich mich fremder Beobachtung ausgesetzt sah, schämte ich mich zu sehr, zu beten; ich suchte einen Vorwand, die Hände zwanglos und wie zufällig zu falten, so daß es nicht wie Beten aussah, oder sie dabei zu verstecken. Denn selbstverständlich war das Beten, ebenso wie die Liebe, unbedingt geheim. Das Nachtgebet vorm Einschlafen war das einzige, das nicht geheim war.

Wurde mein Gebet nicht erfüllt, so ließ ich es nachsichtig auf sich beruhen. Was blieb mir auch übrig? Wurde es aber erfüllt, so unterließ ich es nie, mich zu bedanken. Dieses Dankgebet war eine Sache von großer Wichtigkeit, ein Gebot des Anstandes, der Höflichkeit und des Taktes, eine unerläßliche Bedingung, wollte man es mit dem lieben Gott nicht verderben, denn in diesem Punkt hielt ich ihn für besonders empfindlich. Natürlich faltete ich auch zum Dankgebet die Hände. Das Händefalten erinnerte mich oft daran, zu bedenken, ob ich mich für die letzte Erhörung auch bedankt hätte. Manchmal fiel mir mit Schrecken ein, daß dies nicht der Fall war; ich hatte es vergessen. Dann holte ich, statt meine neue Bitte vorzutragen, erst einmal die Danksagung schleunigst nach, nicht ohne mich für meine Saumseligkeit eigens zu entschuldigen. Alsdann entfaltete ich die Hände wieder und legte eine Schicklichkeitspause ein. Der liebe Gott sollte nicht denken, ich hätte mich nur bedankt, um gleich mit etwas Neuem zu kommen. Erst dann kam ich mit etwas Neuem. Jedenfalls war alles das nicht ohne Schwierigkeiten und wollte wohl überlegt sein.

Was aber das Nachtgebet vorm Einschlafen anging, so war bei uns lange Zeit das Gebet »Ich bin klein, mein Herz ist rein, soll niemand drin wohnen als Jesus allein« in Gebrauch. Dieses war für mich die erste Kunde, daß Jesus jemand war, der ungefähr so viel galt wie der liebe Gott. Wer er aber eigentlich war, das war uns nie erklärt worden – natürlich nicht, da die Großen es ja selber nicht wußten. Der liebe Gott persönlich, so stellte ich mir's vor, war vielleicht zum Einschließen in ein Herz zu groß; darum gab es Jesus. Diesen Jesus liebte ich ohnehin abgöttisch, weil man ihm so entsetzlich mitgespielt hatte.

Nun verursachte mir das Verslein aber doch allerhand Bedenken. Ich fand es ungehörig, mich vor dem lieben Gott in aller Naivität meiner Herzensreinheit zu rühmen, zumal ja über die Richtigkeit dieser Behauptung durchaus keine Klarheit herrschte. Daß man mitteilte, klein zu sein, mochte hingehen, obwohl nicht anzunehmen war, daß dies dem lieben Gott neu oder mitteilenswert sei.

Jesus allein im Herzen wohnen zu lassen, war ein guter Vorsatz, ein Versprechen, ähnlich dem Versprechen, artig zu sein, man würde sehen, was sich machen ließ. Nun bürgerte sich aber etwas Unheimliches bei uns ein, nämlich, die letzte Zeile des Gebetes zu erweitern und außer Jesus auch die Eltern im Herzen wohnen zu lassen. Es mochte an sich gewiß zu vertreten sein; aber gehörte es in das Gebet? Und es blieb nicht dabei. War jemand zu Besuch da, etwa Onkel Max, und wohnte der kleinen Zeremonie des Zubettgehens und Betens bei, wie das die Großen zu ihrer Verlegenheit manchmal tun, so wurde höflicherweise auch er in das Herz mit eingeschlossen; es kam ferner vor, daß das Kinderfräulein, das zugegen war oder sogar das Gebet anleitete, ebenfalls aus Gründen des Taktes mit eingeschlossen wurde, so daß die Kommata sich zu häufen begannen und das Beiwort »allein« längst keinen Sinn mehr hatte.

War das noch Gebet, war das noch gültig und fromm? Ich machte den Dekadenzvorgang natürlich mit, um kein Spielverderber zu sein und der Taktfragen wegen, die mitsprachen. Wohl aber war mir nicht dabei, sondern beklommen. Und zuletzt ging ich dazu über, heimlich etwas später, wenn das Licht gelöscht war, unter der Bettdecke in einem Sondergebet, meinem eigentlichen, gültigen und unverfälschten Nachtgebet, den ganzen Rummel zurückzunehmen und zu sagen: »Nein, wirklich nur Jesus allein!«

Etwas Entsetzliches kam mir aber einmal zu Gehör, ich weiß nicht mehr, wann und wo. Es wird sehr viel später, in der Schulzeit gewesen sein, da schnappte ich etwas auf, was mir, so viel Mühe ich mir auch gab, nicht aus dem Gedächtnis weichen wollte; und schon, daß es wie eine zähe Klebmasse in meinem Hirn haften blieb und sich nicht entfernen lassen wollte, schien mir eine grimmige Sünde, strafwürdig bis zum Äußersten. Und je verzweifelter ich mich anstrengte, dieses Böse zu vergessen, um so schärfer grub es sich in meinen Sinn ein. Es war dies ein Hohnvers auf unser altes Nachtgebet, und er lautete: »Ich bin groß, mein Herz ist ein Kloß, soll niemand drin wohnen als ich bloß.« Schon diesen Spottvers nur zu kennen, war mir lange Zeit gleichbedeutend mit der Verdammnis.

Zu meinem Nachteil muß ich gestehen, daß ich ausschließlich in eigener Sache betete, niemals für andere. Ich weiß dafür keine Erklärung. Ich war nicht von mehr Eigensucht erfüllt als andere auch und als billig ist. Ich war sogar eine wohlwollende Natur, und gewissen Tugenden des Wohlwollens, namentlich die Duldsamkeit und die Bereitschaft zum Verzeihen, waren überdurchschnittlich gut bei mir entwikkelt. Ich hatte einfach noch nicht entdeckt, daß Beten in anderer als der eigenen Sache möglich sei.

Ich ließ im Alter von elf oder zwölf Jahren vom Beten ab, mit einem Schlage, nachdem der trockene Geist Ernst Haekkels und seiner »Welträtsel«, so leicht zu begreifen für junge und mediokre Gemüter, über mich gekommen war, allerdings um nicht lange zu verweilen. Gelernt aber habe ich das Beten nie. Nicht zu meiner Zufriedenheit, meiner Erhebung und meinem Trost, so daß ich das Herz der Welt pochen hörte.

Am Marterpfahl

Daß die Rothäute einander an den Marterpfahl stellten und daß es für den also Behandelten dann galt, nicht mit der Wimper zu zucken, nicht aufzuheulen, ja die Grausamkeit des siegreichen Feindes noch durch höhnische Reden zu stacheln, gab mir zu denken.

Nicht minder, zu fürchten! Groß ist die Zahl und das Maß der Ängste in der Kindheit. Sie ist keine Zeit der Sorglosigkeit, des Frohsinns, des reinen Glücks. Man preist sie selig, unschuldig und unbeschwert; aber sind nicht Kinder auch furchtsam, schuldig und sorgenvoll? Nie ist das Leben so sehr der Stärkere als in der Kindheit, nie ist man so wehrlos und unterlegen wie hier.

Grimmig litt ich unter dem Schmerz, dem leibhaftigen – und das, ohne ihn im Übermaß kennengelernt zu haben. Ich kannte und durchschaute ihn durch die Kraft der Vorstellung und Einbildung, durch die Hellsicht der Furcht, vielleicht auch aus dem Nachhall eines vergangenen Lebens – welch alles ein Fluch war. Ich drang ein wenig in die Drohung des Schmerzes ein, weil mein Sinn nicht müde wurde, ihn mir vorwitzig auszumalen, und weil mich der Teufel immer aufs neue ritt, ihn zu erproben. Ich spürte, es hatte etwas mit ihm auf sich, was an den äußersten Rand des Daseins rührte, was unerforschbar war und doch aufgespürt werden mußte.

Er, der leibhaftige Schmerz, so argwöhnte ich, war die bösartigste Lebensmacht, vor der es auf der äußersten Hut zu sein galt, und er war die aufschlußreichste Lebensmacht, die es zu kennen und zu erfahren galt.

Schon die Rothäute bewiesen es. Was bei ihnen geschah, war vielsagend genug. Wenn sie in den Kampf gingen, wußten sie, was ihnen bevorstand, sobald das Kriegsglück sie verließ. War einer überwältigt, so kam er an den Marterpfahl. Dort stand er die Nacht hindurch wie eine Statue und regte sich nicht, seine Gedanken weilten in seinen heimatlichen Jagdgründen; aber sie weilten doch wohl auch noch woanders? Freilich, es war ihm ja am Abend geschildert worden, was ihm tags drauf unter Tänzen und Geheul angetan würde: »Dein Fleisch wird rauchen vor Schmerz«, so stand es in der Schrift. Und die Nacht verging, die Sternbilder beschrieben ihren Halbkreis, die Uhr lief ab, der Morgen zog herauf.

Wie oft befand ich mich in solch einer roten Haut – die Arme mit Schnüren, die ins Fleisch schnitten, nach hinten gerenkt um den Pfahl gelegt – und sah dem Kommenden entgegen. Und dann kam es und dann war es so weit, und sie brachen mir die Finger, schnitten mir das Fleisch in Streifen ab, brannten mir die Füße, zerdrückten mir die Augen; und ich spielte bei mir das furchtbare Spiel, das da heißt: »Mit keiner Wimper gezuckt!«, denn sie zuckten mit keiner Wimper, die Rothäute, soviel war überliefert, sonst waren sie entehrt. Was waren das für Leute! Oder waren sie bloß eine Legende? Eine, die vielleicht den Namen Karl May trug? Jedoch glaubte ich an sie.

Und was war das für eine Welt? Sie war randvoll von alledem erfüllt. Menschen ohne Zahl hatte es gegeben, die lebendigen Leibes verbrannt worden waren. Einmal hatte ich kräftig und nichtsahnend mit der Zeigefingerspitze ein glühheißes Bügeleisen berührt. Nun also wußte ich, was das hieß. Aber ich hatte sogleich, da der grausige Schmerz mich traf, den Finger zurückziehen dürfen. Hatte ihn in den Mund gesteckt, befeuchtet, gepustet. Welch ein Vorzug, das zu dürfen! Wie anders, wenn das nicht geht, wenn es kein Ausweichen gibt. Die da verbrannt wurden, hatten stillhalten müssen. Man hatte sie an einen ebensolchen Pfahl gebunden, wie es bei den Rothäuten gemacht wurde, und hatte den Scheiterhaufen um den Pfahl geschichtet und hatte ihn dann angezündet, und das Feuer hatte sich in die Füße und weiter am wehrlosen Fleisch hochgefressen, da hatte es kein Wegzucken, Kühlen und Pusten gegeben. So etwas gab es also auf der Welt, daß Menschen, weil andere es sich so ausgedacht hatten, so lange brennen mußten, bis sie Asche waren und tot.

Aber vielleicht gab es mildernde Umstände, die den Schmerz daran hinderten, sich voll auszutoben, seine alleräußerste Macht zu üben? Ich vernahm einmal davon und sog es wie einen Trosttrank in mich ein: daß der Scheiterhaufen, bevor er lichterloh brennt, einen dicken Qualm entwickelt, dem Todgeweihten am Pfahl die Luft nimmt und ihn erstickt, ehe die Flammen ihn verzehren. Aber dann sah ich Abbildungen, die mir schier den Herzschlag stocken ließen. Alte Stiche. Der eine fand sich in einer Weltgeschichte in einem Band »für die reifere Jugend« und stellte dar, wie Indios von den spanischen Eroberern verbrannt wurden, weil sie sich nicht zähmen und bekehren lassen wollten. Da war aber von Qualm und Rauch und gnädigem betäubendem Ersticken keine Rede. Ein paar Garbenbündel waren um den nackten Mann aufgeschichtet und brannten lichterloh, so daß der arme Teufel wie mitten in einer Kerze stand, an einen Pfahl geschnürt, und die Flamme wurde im Winde von seinem Gesicht weggedreht, so daß er frei ins Bild guckte und es eine gute Weile dauern würde, bis es mit ihm vorbei war.

Sein Gesicht allerdings, das war nun das Absonderliche, war nicht von der fürchterlichen Qual verzerrt, sein Mund nicht zum Geschrei aufgerissen, sondern er schaute recht bieder und gleichmütig drein, und so war es immer bei Folterungen auf alten Stichen der Fall. Der tapfere Mann schien zu sagen: Nun, da hilft halt nichts. Er zuckte mit keiner Wimper, verzog keine Miene und ließ es brennen.

Das andere Bild, das mir vor Augen kam, war in einem anderen historischen Buch enthalten und bildete den Ketzer Jan Hus ab, bevor er in Brand gesteckt wurde, in dem allerärgsten Augenblick, unmittelbar bevor es anfängt. Dies, weil er ein Ketzer war, offenbar etwas Abscheuliches, aber ich wußte nicht, was. Der Zeichner hatte viel liebevolle

Sorgfalt auf die Anlage des Scheiterhaufens verwandt, der eigentlich keiner war, sondern es war um Beine und Brust des Opfers ein Holzgestell befestigt, das mit Strohbündeln ausgefüllt war. Wenn das brannte, so war es das nackte Feuer, das an dem Manne fraß, und auch hier war von einem wohltätigen Ersticken keine Rede. Jan Hus der Ketzer, der sogar einen pompösen, kokett wirkenden Hut aufhatte und wie zu einem Festessen gekleidet war, sah ebenso gleichmütig drein wie jener Indio und verriet keine Spur der Angst und Erregung, die ich selber empfand. So ziemte es wohl einem Ketzer, was immer ein solcher sein mochte.

Nicht immer scheut ein gebranntes Kind das Feuer. Mich juckte es wie den Jungen im Märchen, der auszog, das Gruseln zu lernen. Wenn eine Kerze brannte, hielt ich meine Fingerspitze hinein. Ich wollte herausfinden, wie es war und wie lange ich es aushielte. Der Erfolg war recht kläglich, die Heiligen und Märtyrer hätten sich ausgeschüttet vor Lachen. Nie trug ich auch nur die winzigste Andeutung eines Brandbläschens davon, das mir als ein Zeichen des Sieges über den Schmerz gedient hätte, so rasch trat ich jedesmal den Rückzug an. Der leibhaftige Schmerz war mir tausendfach überlegen. Es beschämte mich sehr, aber ich schaffte es nicht.

Und doch hatte es einen Mann gegeben, der in der römischen Geschichte vorkam, Mucius Scaevola mit Namen, der hatte die Hand ins brennende Kohlenbecken gehalten und von der Glut verzehren lassen, ohne mit der Wimper zu zucken. Und hatte dem fremden Heerführer, dem er solches vorführte, hochfahrend dazu gesagt: »So sind wir Römer alle.« Ich liebte diesen Helden zärtlich um des fürchterlichen Schmerzes willen, den er auf sich genommen, um der Selbstbeherrschung willen, die er geübt hatte.

Außer dem Römer gewann ich noch einen anderen Helden der antiken Sage lieb, weil ihm ebenfalls mit etwas Ungeheurem zugesetzt worden war – lange Zeit hindurch, Jahre, in regelmäßigen Abständen. Das war Prometheus, der auf einem Felsen angeschmiedet war und dem ein Adler immer wieder den Leib aufhackte, um seine Leber zu fressen.

Wie nahe lag es, daß auch die Marter am Kreuz mich unentrinnbar verfolgte! Dieser Rätselmann mit Namen Jesus, den man betend versprach in sein Herz zu schließen, er hatte die Kreuzigung erlitten. Was das war, brauchte man sich nicht auszumalen – der Bilder, die es darstellten, waren Legion.

Doch grübelte ich viel darüber nach, wie es täte, die Hände durchbohrt zu bekommen, und wie ich es wohl ertrüge.

Ich versuchte mir die Haut in der Mitte meiner Innenhandfläche mit einer Stecknadel zu durchdringen, aber kläglich war das Ergebnis, viel zu schlimm fand ich den Schmerz des winzigen Stichs. Nicht einmal einen Blutstropfen gelang es mir hervorzurufen.

In all diese Gedanken weihte ich nie jemanden ein, auch Gikikei nicht; wenn sie aufkamen, trat er in den Hintergrund zurück. Lediglich mit Hanna dem Löwen war ich darüber einig, daß man gewiß klug täte, sich gegen Prügel abzuhärten, um es im Leben einfacher zu haben. Obwohl wir nie geschlagen wurden, setzten wir doch voraus, daß es späterhin, von wessen Hand auch immer, sehr wohl Prügel geben mochte, vielleicht hagel- und knüppeldick. Allzu ernst nahm ich diese Voraussicht aber nicht. Vor Hieben, Püffen, Tritten, Ohrfeigen, vor allem, was nicht unter die Haut drang, hatte ich keine Angst. Vor so vielem hatte ich Angst, aber davor nicht. Besaß ich doch einen Maßstab der Vergleiche mit Martern, die überlebensgroß waren, sie zogen mir durchs Gemüt, und da waren Prügel mir eine Lappalie.

Aber nichts, gar nichts durfte davon in die Außenwelt dringen, um keinen Preis, dies war allerletztes Geheimfach.

Der Kindheit entwachsen, wiegte ich mich in der tröstlichen Gewißheit, die Schrecknisse leibhaftigen Schmerzes, diese eine Hölle sei mit den vergangenen barbarischen Epochen vorüber, und zumindest würde einem nicht mehr mit

Feuer oder Nägeln zugesetzt werden, so daß man der Zukunft in diesem Betracht unbesorgt entgegensehen dürfe.

Das aber erwies sich, wie heute bekannt ist, als ein Irrtum, und als ich erwachsen war, fing man wieder an, wie in alten Zeiten mit ausgeklügelten leiblichen Foltern zu arbeiten.

Verzauberung der Zeit

»Wir wollen in das Haus gehen, wo der liebe Gott wohnt«, sagte meine Mutter und gab dem Fräulein Weisung, die beiden guten Mäntel und Mützen bereitzuhalten, denn es ging auf den Winter zu.

Wir beiden Jungens, Eduard und ich, freuten uns sehr, daß es nun so weit war, Mutter hatte es uns schon längst versprochen; wir waren immer neugieriger darauf geworden, das Haus zu sehen, wo der liebe Gott wohnte, eine Kirche weiter hinauf am Mittelweg, Johanniskirche geheißen.

In die Neugierde mischte sich bei mir eine feierliche Beklommenheit, und es hatte sich in mir die Idee festgesetzt, daß unser Besuch in dem Hause heimlich geschehen müsse, denn so ohne weiteres war es nicht erlaubt, den lieben Gott zu besuchen, ob er nun zu Hause war oder nicht.

»Er ist immer zu Haus«, sagte Mutter, »aber trotzdem ist er nicht zu sehen. Ihr müßt nicht denken, daß ihr ihn einfach sehen und ihm guten Tag sagen könnt.« Das sahen wir auch ein, es diente sogar zu unserer Erleichterung. »Aber«, fügte die Mutter hinzu, »er sieht euch sehr wohl, ganz genau sieht er euch, viel genauer als sonst irgend jemand.«

Für mich aber bedeutete dieser Besuch von vornherein, daß ich mit ihm anfangen würde, den lieben Gott zu lieben, wie es doch sein Beiname vorschrieb. Die geeignete Stunde war da; nun mußte es gelingen. Morgens, bald nach dem Frühstück sollte es sein, und mit unseren neuen guten Mänteln und Mützen angetan, verließen wir zu dreien das Haus. Der Ordnung halber nahm ich auch Freund Gikikei mit, aber er verlief sich bald wieder. Es war ein stiller, blasser Novembermorgen, die Sonne schien durch einen Nebelschleier, die Bäume waren kahl, auf den Gehsteigen raschelte das Laub. Einmal kam ein Windstoß um eine Straßenecke, wirbelte Blätter hoch und riß mir die Mütze vom Kopf. Er kam so plötzlich in der herbstlichen Stille daher, so unvermittelt und scharf, er schien so gar nicht in diesen friedlichen Morgen hineinzugehören, es war, als sei er von einem bösen Menschen geschickt, der hinter der Ecke lauerte, und er war denn auch gleich vorbei und kam nicht wieder. Aber er hatte mir die Mütze vom Kopf gerissen und mir in der Seele weh getan, immer flogen mir ja im Wind die Mützen vom Kopf, daher haßte ich den Wind, ich kannte das schon, aber heute hatte ich mir's nicht träumen lassen.

»Laß nur«, sagte meine Mutter, als ich die Mütze, die nur wenige Schritte geweht war, aufgehoben hatte. »Klopf sie schön ab, es ist nichts.« Sie sah wohl, wie erschrocken ich war. Ich erfuhr viel später, daß sie sich Sorgen wegen meiner Zimperlichkeit machte.

Sie sah etwas, aber es war nicht dies, was mich erschreckt hatte. Dieser Schrecken war gleich vorüber. Mich rührte etwas anderes an. Ich hatte die Mütze wieder aufgesetzt und griff in die mir entgegengestreckte Hand der Mutter. Die Sonne spielte blaß mit schrägem Strahl durch das spärliche gelbe Laub. Eine Häuserzeile aus roten Backsteinen. Dürre Blätter raschelten unter den Füßen. Eine Bahn klingelte, Spatzen kreischten, dennoch war vollkommene Stille. Die Luft stand, die Straße stand, auch ein herber herbstlicher Geruch stand, alles stand reglos und wartete auf mich, die ganze Welt stand und hielt still.

Und ich erkannte es wieder: dies alles war schon einmal gewesen, es war mir tief vertraut, ich hatte es genau so schon einmal erlebt und gefühlt. Wann? Zur Zeit irgendeines anderen Herzschlages. Die Erinnerung war so deutlich, so süß und eindringlich, daß es mich schier betäubte. Auch, daß wir in jenes Haus gehen wollten, die Erwartung war dieselbe, die Beklommenheit. Und indem mir dies durch den Sinn schoß und den leisen, zarten Schatten eines Nachdenkens, einer Frage, einer Verwunderung annahm, war es auch schon vorüber, war lautlos und spurlos davon, war nie gewesen.

Als wir vor der Kirche anlangten, es schien mir eine weite Wanderung, blickten wir an dem hohen spitzen Turm empor und sannen, was das wohl für eine Behausung sei für den lieben Gott. Obwohl wir den Turm und auch die Türme anderer Kirchen schon früher gesehen hatten, der ferne Umriß der Stadt jenseits der Alster war ja reich an Kirchturmspitzen, hatten wir uns doch nie vorher solche Gedanken gemacht. »Wartet nur, bis wir drinnen sind«, sagte die Mutter, »und nehmt gleich in der Tür die Mützen ab. Man darf da, wo er wohnt, die Mütze nicht aufbehalten, und tretet leise auf.«

Da öffnete sich dann drinnen das kühle dunkle Kirchgewölbe vor unseren Blicken und zog sie magisch in die von Pfeilern durchkreuzte Höhe und zu den schmalen, spitz zulaufenden bunten Fenstern, durch die das Licht gedämpft hereinkam. Meine Blicke suchten das Dämmer ab. Jetzt, so dachte ich, jetzt wird es sein, daß die Liebe zu ihm über mich kommt. Die Stille war vollkommen, wir wagten kaum zu atmen, die Luft kam als heller Dampf in der Kälte durch unsere Münder.

Wir schritten auf Zehenspitzen ein wenig in das Hauptschiff hinein bis zu den Bankreihen, von wo wir den Altar und die Kanzel erblickten, aber wir hatten für nichts Auge und Sinn als für den Raum über uns, die hohe pfeilergetragene verdämmernde Wölbung, denn es war klar, daß er nicht hier unten umging oder auf den Bänken saß, sondern da oben schwebte in einer geheimnisvollen Tätigkeit, die zugleich

Ruhe und Bewegung war, und auf uns herabsah, aufmerksam und unverwandt.

Da dachte ich mit einer leisen verzweifelten Ungeduld: ich muß etwas dazu tun, daß ich ihn liebe. Und ich faltete verstohlen meine Hände und betete: Lieber Gott, mach doch, daß ich dich liebe.

»Hier wohnt er«, flüsterte meine Mutter andächtig. Und ein Weilchen danach fügte sie ängstlich hinzu: »Aber da ist noch der Friedhof. Da wohnt er auch.« Und eine sanfte zarte Schwermut stieg in mir auf, als ich da mit emporgerecktem Hals stand, die eine Hand, die die Mütze hielt, herabhängend, und die andre in der Hand der Mutter. Aber ihre Hand war eiskalt, wie es überhaupt eiskalt in dem Gewölbe war, so daß der Dampf aus unsern Mündern kam, und ich versuchte ihren Arm zu bewegen, der war auch kalt und ganz fest und steif, wie Stein, so daß ich erschrocken von dem Versuche abließ, ihn zu bewegen. Draußen war es heller als zuvor geworden, in den Baumkronen rauschte es von einem starken Wind, als ob dies eine Antwort auf mein Gebet sei, daß es mir gelingen möge, ihn zu lieben. Die Grabreihen des Friedhofs traten matt hervor, Gehwege, jeder Platz am Weg war von einer Grabplatte oder einem Kreuz eingenommen, manchmal war auch eine Urne, manchmal ein marmorner Engel mit einem Palmzweig und ausgebreiteten Flügeln, possierlich anzusehen, aber auf dem Fleck, wo wir beisammen standen, eine verlegene Gruppe Leidtragender, waren es lauter Aschenurnen, die aus den Gebüschen hervorlugten. Es war recht feierlich gemacht worden, daß zwei fremde Herren in steifem Schwarz die Urne herbeitrugen, Eduards Urne, mit einem Blumengewinde umtan, und sie mit umständlicher Ehrerbietung in die Urnennische setzten. Ach Gott, fuhr es mir da durch den Sinn, oft sollte ich hierher kommen in die Gotteswohnung und all den Toten Ehre erweisen.

Die Urne der Mutter steht nun schon zwanzig Jahre lang und die des Vaters seit zehn Jahren zwischen Efeu und

Spinnweb, nun schaffen sie auch die Eduards aus China den weiten Weg herbei, dorthin war er ja gegangen, um einen Boy und einen Koch zu haben, und doch hatte es ihn in noch jungen Jahren erwischt, ein schmählicher Herzschlag beim Baden. Wahrhaftig, in der verlegenen kleinen Gruppe, die der gespenstischen Feier beiwohnt, die Urne in die Nische schiebt, ruhen die Augen der anderen fordernd auf mir, ich soll etwas sagen, passende Worte, und stammle auch ein paar, wo ich doch nie habe reden können, ich rede von seinem großen Vater... Auch das geht vorüber. Aber die Leiche, die sie ins Fleet geworfen haben, daß der Schlamm sie schmatzend aufnahm, und die Köchin Alwine liegt in ihrer besten rotseidenen Bluse quer überm Bett, und ich werfe einen Frosch in die Brennesseln und entgehe der Bestrafung, keiner hat es gesehen, und die Frau mit dem Hund keift mich an: »Was stehst du und gaffst, dummer Bengel, er bellt nur weil du gaffst«, und die Schwärze frißt das Weiß immer wieder weg, immer mühsamer arbeitet das Weiß sich durch, aber schafft es nicht.

Wir gingen zu dreien nach Hause, aber ich war ganz allein und konnte mit meinen Gedanken nicht zurechtkommen, konnte mit nichts zurechtkommen. Einen heftigen Riß gab es in meiner alten Wunde, Riß und Stich, und ich beschloß, dem kleinen Löwen gleich einen Brief zu schreiben, wie ich es schon so oft beschlossen hatte, seitdem die ewig Ersehnte, das arme liebe dumme Kind einen fremden, ach ja sehr fremden Herrn geheiratet hatte und mit ihm kreuzunglücklich geworden war. Welche Treulosigkeit! Hatten wir nicht zusammen nach Matupi gehen wollen, um reich, mächtig und glücklich zu werden? Hatte ich es nicht um sie verdient, nachdem ich so viele Nächte damit verbracht, sie immer wieder aus den Klauen von Ungetümen, Kohlenmännern, Olschmadams zu befreien, die ihr nach dem Leben trachteten?

Gewiß konnte ich ihr immer noch helfen, oder nicht? Gleich schreiben wollte ich ihr, ihr endlich in überfließenden

Sätzen darlegen, wie es um mich bestellt war, es mußte doch ganz einfach sein, was ist einfacher als zu sagen: Ich liebe dich. Jahre gingen über dem Entschlusse hin, so schnell daß es nicht zu meinem Brief kommen konnte, sie überstürzten einander, flossen geschmeidig und ohne Lücken ineinander, und da kam auch schon die Stimme des uralten Onkels Max, der in einem Altenheim saß, kam durchs Telefon an mein Ohr mit der Nachricht, mit Hanna sei es zu Ende, plötzlich und unerwartet, mit dem kleinen Löwen war es zu Ende, er hatte es selbst getan, der Löwe, das Löwchen, in einem Hotelzimmer war es mit ihm zu Ende gegangen.

Und wir hatten doch altes Ehepaar spielen wollen und besinnlich im Garten auf dem Kiesweg einherschlurfen, dann und wann innehaltend Arm in Arm und an einem zarten Blumenduft naschend, und dem Tollen der lieben Jugend von weitem nachsichtig lächelnd zuschauen. Aber als wir so schlurfen, kommen Lippe und Bußmann des Weges, das Gespensterpaar, lüpfen die Hütchen und machen zierliche Tanzschritte und führen dabei doch so Arges im Schild, daß man es gar nicht mitdenken kann. Und da sind sie auch schon herbeigehuscht und tragen den kleinen Löwen auf den Armen davon, mit Windeseile, so rasch und mühelos, wie sie ihn gehascht hatten, indessen meine Füße, die ihnen nachsetzen wollen, zu Blei verwandelt sind oder zu etwas noch viel schwererem.

»Kleines Häufchen Asche du«, wispern sie zärtlich. Da bin ich ganz außer mir, weiß ich doch, daß es mit der Asche seine Richtigkeit hat. Ich sitze wimmernd auf Mutters Schoß und weine, daß sie mich gar nicht beruhigen kann, und bevor ich tief aufseufzend in den Schlaf gleite, höre ich noch, wie sie aus weiter Ferne zum Kindermädchen sagt: »Das mit der Kirche hat ihn so sehr aufgeregt, wer hätte das gedacht! – Ist ja gut, Jungechen, schlaf nur weiter, ist ja alles gut...«

Wer wird der Gefährte, der Geliebte, der Waffenbruder sein? Freund Gikikei ist zweifellos der vertrauteste, er tritt auf meinen bloßen Wink herbei und weht wieder fort, aber doch ist es nicht ganz geheuer mit ihm; hingegen der geliebteste ist Hanna, der kleine sanfte Löwe, und das, was dummelig an ihm ist, rührt mich zutiefst, auch ich habe ja etwas von der Lust an der Rührung geerbt.

Komm denn also, kleiner Löwe... Wohin wir gehen? Nach Matupi natürlich. Aber bevor wir dort anlangen, ja auch nur aufbrechen können, haben wir Proben zu bestehen, Proben der Unerschrockenheit, der Standhaftigkeit und der Klugheit.

Es heißt, morgen, oder so gut wie morgen, fange die Schule an. Es muß sein, heißt es. Mit soundsovielen Jahren ist es so weit, daß ein sogenanntes Kind zur Schule gehe. Nur läßt sich darüber sehr streiten. Wir haben Erfahrungen vorweggenommen, Erlebnisse, Abenteuer, die den Großen das Blut in den Adern gerinnen ließen. Sind wir nicht beladen mit Erkenntnissen und Leiden, gereift und erprobt, daß man den Hut vor uns ziehen sollte? Der eine oder andere zieht auf der Straße den Hut vor uns, hin und wieder habe ich es beobachtet; aber nicht alle tun es.

Also, sie sagen, es ist Zeit, die Schule beginnt. Da werden sie mit Fingern auf uns weisen, mit dem Zeigefinger namentlich, was doch eine üble Sitte ist, und uns befehlen, Fragen zu beantworten. Es ist dies eine Belästigung. Zwar wissen wir noch nicht vollen Umfanges, wie überaus greulich es sein wird, es wird uns sorglich verheimlicht, so kunstvoll wie wir selber nur je eine Missetat vor ihnen verheimlicht haben, wenn es nötig war; oder vielmehr: noch kunstvoller, denn sie verstehen sich ja viel besser aufs Lügen als wir.

Dennoch glauben wir es ihnen nur zu gern, was sie uns an

Beschönigendem sagen, obwohl wir es mit dem Schatz von Erfahrungen, der uns zu Gebote steht, besser wissen sollten.

Aber wissen und wissen sind zweierlei. Begriffen wir, was uns alles fortan bevorsteht in den kommenden zehn Jahren, wir würden in derselben Stunde, da man uns die Zuckertüte für den ersten Schultag in die Hand drückt, verzweifeln. Aber so ungeheuer unsere Erfahrungen auch sind, sie reichen nicht hin, uns ganz reinen Wein einzuschenken. Sie lehren uns das meiste von dem, was zurückliegt – das andere müssen wir ahnen.

Die Zeit ist schnell herbei, wo Vergangenes und Künftiges sich nicht mehr richtig unterscheiden lassen. Dies ist schon daran zu erkennen, daß der Löwe an dem Tage unseres Aufbruches eine ellenlange Strafarbeit zu schreiben hatte – und dabei konnte er doch noch gar nicht schreiben. Die Ereignisse sind unzuverlässig, ihr zeitlicher Ablauf erst recht, da geht vieles durcheinander; treu ist nur unser Gedächtnis.

Mit dir, liebe kleine riesenäugige Ehefrau der Verzauberung, Gefährtin des Unwiederbringlichen, Mitbesitzerin der Vorratskammern einer unerschöpflichen Vergangenheit, mit dir ist es noch nicht so weit wie mit mir. Dein Alter ist sehr hinter dem meinen zurück, gut und gern sechs Wochen; auch stehst du an Erfahrungsreife mir weit nach, und was in deinen Wunderaugen träumt, ist blankes kindliches Nichtwissen und Alleshoffen. Der große Geist, heiße er Manitu oder wie immer, erhalte es dir lang! Mit dem Beginn deiner Versklavung in der Vorschule für höhere Töchter hat es noch ein halbes Jahr Zeit. Und doch, täusche dich nicht, das ist nur eine Gnadenfrist.

Darum habe ich Erbarmen mit dir und will dich mit nach Matupi nehmen, wohin wir gehören. Unterwegs will ich nur so zärtlich zu dir sein, wie du es erträgst, und das ist nicht viel; und wenn wir auf dem Eiland angelangt sind, wird es auch noch eine Weile dauern, bis du dich an mich gewöhnt hast und daß ich ein Prinz bin, der Kronprinz daselbst. Aber eines Tages wirst du es begreifen. Dann wirst du aus dem kleinen Schmutzfink von der Moorweide, der sich sein trockenes Brot mit Kohlenschippen hat verdienen müssen, zur Prinzessin, und was bislang nur ich habe sehen können, wird dann allen offenbar, und sie verehren dich staunend und hüteziehend, wie es dir zukommt.

Auf Matupi nicken die Palmen in den azurblauen Himmel, denn aus der einen, die Zaubernüsse gespendet hat, sind ganze Wälder geworden, und die Brandung murmelt auf den weißen Strand. Das Wasser ist so klar, daß man die Korallen auf dem Meeresgrund in haushoher Tiefe noch sieht, und wenn wir uns darin tummeln, hält uns kein Schwimmlehrer an der Leine und orgelt: »Eins –zweidrei!« Mein Gott, wie brülltest du einmal vor Angst, als er die Leine ein wenig ließ, und gleich bekamst du auch das scheußliche Chlorwasser in den Mund. Dort aber gibt es Todesängste nicht mehr. Und was die Haifische angeht, die sich dort tummeln und die badenden Menschen fressen – nun, man erledigt sie mit dem Messer.

Welch beunruhigende Dinge haben wir doch miteinander durchgemacht! Da ist jener Augenblick, der tief ins Land der Träume zurückgesunken ist und nur unter Gefahren heraufgeholt werden kann, der bange Augenblick, wo wir den toten Mann aus dem Tümpel hoben. Er muß lange darin gelegen haben, denn er war ganz zu Holz geworden. Als ich mit einem langen Stecken, vom Ufer aus, die hellgrüne schaumige Wiese der Treibpflanzen auseinanderschob, da mir schwante, daß es dort erregende Geheimnisse gab, wurde der Mann sogleich im schwärzlichen Wasser sichtbar, er lag dicht unter der Oberfläche und machte ein richtiges Gesicht – wie man es tut, wenn man lebt und an irgend etwas denkt. Wir spürten, wie es uns im Nacken kitzelte vor Schauder und wie unsere Haare sich sträubten, wir liefen, so schnell uns unsere Beine tragen konnten, und, zu Atem gekommen, schworen wir, keiner Menschenseele etwas zu verraten. Das war in Augenblicken der Gefahr immer geboten. Danach mieden wir den Tümpel für Wochen, aber der tote Mann im schwarzen Wasser wich nicht aus unseren Gedanken. Gewiß hatte sich die Schaumwiese über seinem nachdenklichen Gesicht wieder geschlossen und er trieb sachte hierhin und dahin, wie es eben kam. Dann machten wir uns aber doch eines Tages wieder auf den Weg, traten an den Rand des Tümpels und schoben das Kraut wieder zur Seite, und da lag der alte Mann noch und war ganz zufrieden mit seiner Lage. Er war noch toter als zuvor und von Moosen bedeckt, daß es uns kalt überlief, aber wir harrten aus und liefen nicht weg. Wir beratschlagten, was wir mit ihm machen sollten, als gehöre er uns schon wie ein gefundener Gegenstand. Plötzlich war es sogar ganz leicht, ihn ans Land zu ziehen. Es war da ein langer Ast, der bis zum Ufer reicht und mit dem er verbunden war. Wir hoben den Ast, der schlüpfrig und verfault war, ein wenig an, und da kam auch der tote Mann aus dem Wasser, sah sich kurz und mißbilligend um und platschte dann wieder ins Wasser zurück. Dann war er nicht mehr zu sehen.

Dies war an einem der Tümpel gewesen, die im Borsteler Moor lagen, damals eine wüste, unwirtliche und gefährliche Gegend.

Einmal aber befand ich mich auf Kundschaft abends, als es schon dämmerte, auf der Moorweide. Ein sehr alter Mann mit einem langen, zweigeteilten weißen Bart, in einen dunkelblauen Mantel gehüllt, der eher eine Decke als ein Mantel zu sein schien, trat zu mir. Ich erschrak, als sich die Gestalt aus dem fließenden Herbstnebel löste, als käme sie aus einem Gebüsch. Er fragte mich: »Hast du jemals ein Vierblättriges gefunden?« Ich wußte gleich, was er meinte. Ich erwiderte: »Die mit den vier Blättern sind selten. Nein, ich habe nie eins gefunden.«

Er sagte: »Lehr du mich die Moorweide kennen! Sie sind zahlreich wie der Sand am Meer.«

»Ja, ich weiß«, antwortete ich klug.

»Aber du konntest nie ein Vierblättriges finden?«

»Nein, und Fräulein Martha fand immer welche!«

Er ließ das mit den Vierblättrigen fallen und fragte: »Du bist am Aufbrechen?«

Ich sagte: »Ich habe einen Ruf bekommen. Ich soll Matupi regieren.«

Er erwiderte ernst: »Hoheit wird ein weiser Regent sein.«

Wir gingen nun nebeneinander her, und die Dämmerung senkte sich, während wir redeten, auf die feuchte Wiese herab. Das dunkle Blau des Mantels, in den der alte Mann gehüllt war, leuchtete, und je mehr alle Umrisse ringsum sich mit der beginnenden Nacht vermischten, desto satter trat die Kraft dieser Farbe hervor, einem tropischen Himmel gleich, von dem ein Stück durch das bleierne Gewölk eines andrängenden Taifuns hindurchdrang. Noch mehreres stieß mir zu in jener Nacht oder in einer dieser Nächte, in denen ich frei wie ein Jäger auf Wölfe und Bären pirschte, fern von zu Hause.

Aber ich stand am Scheideweg: die Vorschule für Knaben oder das Eiland Matupi? Ich hatte mich zwar entschieden, aber doch war da die immer noch nicht gelöste Aufgabe, die mir gestellt war: die Vierblättrigen zu finden. Und das Schlimme war, daß sie mir vor den Blicken verschwammen, und wie hatte ich immer darunter gelitten, daß ich ein schlechter Sucher war. Das Fräulein brauchte nur zuzugreifen, auf Schritt und Tritt hatte sie's.

An einem dieser Tage standen an einer Stelle im Hause, in einer Fensternische des Treppenaufgangs, zwei Butterbrotdosen. Es bedurfte keiner Fragen, was es mit ihnen auf sich hatte, und wir beiden Schulbefohlenen, Eduard und ich, machten uns gleich darüber her, staunend beklommen. Sie waren von Onkel Max gestiftet worden, hatten ein hübsches Oval, schwarz poliert, und jede hatte einen goldenen Buchstaben in schwungvoller Kursiv auf dem Deckel, ein M und ein E, und um sie herum lief ein langer, nagelneuer Lederriemen. Es waren Butterbrotdosen wie sie sein sollten, schöner als jede, die wir an der Seite von Schülern schon hatten baumeln sehen, von exemplarischer Vornehmheit. Wir waren mit ihnen um vieles reicher geworden, soviel stand fest, ja es fragte sich, ob irgendeines unserer Spielsachen an sie heranreichte. Die Eisenbahn? Pah, sie war schon alt und stark abgenutzt. Mein Säbel, von dem es hieß, er sei ein echter Kavalleriesäbel, saß so locker im Griff, daß ich kaum wagen durfte, damit zu fechten. Die Schlittschuhe dienten einer Beschäftigung, die ich nicht mochte, dem Eislaufen, überdies fielen sie immer vom Stiefel ab. Da war eine musikalische Spieldose, aber sie krächzte nur noch. Marmeln, Peitsche und Kreisel, aber nein, die waren ja dummes Zeug, nicht mal mehr zum Angucken gut. Gut hingegen war der Handwerkszeugkasten, aber er gehörte nicht mir allein. Ein sinnreiches Geduldspiel, bei dem zwei winzige Pillen in die Augen eines grinsenden Gesichtes geschaukelt werden mußten, was nicht ganz leicht war, aber doch war es Hühnerkram. Die Reste des Kasperletheaters, drei abgenutzte Figuren (Kasper, die Oma und der Teufel), waren auch nicht mein alleiniges Eigentum... Alles in allem war ich auf einem toten Punkt angelangt, was meine Spielsachen anging, und befand mich in einer Spielzeugkrise.

Da war nun jetzt diese Butterbrotdose – keine Spielsache zwar, aber doch etwas Schönes – und machte vieles wett. Ich schickte mich gleich an, sie umzuhängen und damit auf die Straße zu gehen, um mich zu zeigen. Das verbotene Unternehmen wurde nicht entdeckt, und ich gelangte unangefochten auf die Moorweide. Da hätte man das Volk sehen sollen! Es säumte die Wege, ein Ehrenspalier, und jubelte mir zu, daß es mich schon verlegen machte und ich mit belegter Stimme murmelte: »Nun, nun, schon gut, laßt doch!«

Durch dieses Spalier nun schlug ich mich zum Berg des Stieres durch und bestieg ihn. Das war eine wilde Gegend und schroffe Erhebung, mit Geröll bedeckt, die Wiese hörte schon an ihrem Fuße auf, und wilde Stiere trieben sich auf den Abhängen umher. Nach dem wildesten hatten wir schon seit langem, in der Zeit unseres Indianerdaseins, diesen Berg den Berg des Stieres genannt.

Das Gebrüll des Untieres lauerte in dem tiefen Schweigen aus weiter Ferne. Nur vereinzelt leuchteten zwischen den Felsblöcken die zarten, tiefblauen Glockenblumen auf. Ginster und allerhand Moose krochen an dem schroffen Gestein empor. Ich war furchtlos und stieg und stieg.

Ich befand mich auf dem Wege zu einer Tat, die der Tat Siegfrieds nicht nachstand, und sie mußte bestanden werden, bevor ich dazu gelangte, die Herrschaft über meine Insel anzutreten.

Ich stieg und stieg, ich kletterte durch Dornen und Nebel, ich watete durch Disteln und Brennesseln. Hatte es nicht von jeher gegolten, die brennenden Nesseln zu köpfen? Auch jetzt waren ja meine Beine noch nackt, mit tausend feinen Giftspritzen ätzten und bissen sie in meine Waden. Ich hatte ihrer Abertausende geköpft in meiner fernen Kindheit.

Der Säbel klirrte leise in seiner Scheide. Ich fand es an der Zeit, ihn herauszuziehen, den Stahl im Licht blitzen zu lassen. Wenn ich beide Hände zum Klettern und Festklammern an den Felszacken brauchte, nahm ich ihn zwischen die Zähne. Und da stieg auch schon ein mächtiger Schatten aus den grauen Nebeln vor mir empor, warf das gewaltige gehörnte Stierhaupt, schnob, scharrte mit den Hufen.

Und eine Stimme drang an mein Ohr: »Was träumst du da schon wieder! Stell die Dose hin, ihr sollt sie nicht vor dem ersten Schultag schon benutzen. Wasch dir endlich die Hände und komm zum Essen!«

Da stellte ich die Dose mit dem Riemen, den ich vom Hals nahm, wieder auf ihren Platz in der Fensternische und ging ins Badezimmer hinauf.

So wurde es denn Zeit zu reisen.

Wie waren doch Gunst und Ungunst des Himmels willkürlich und verwirrend verteilt! Hanna hatte eine lästige Strafarbeit zu machen, weil sie muksch gewesen war: einen jener Sätze, in deren Ausspinnung unsere Fräuleine so erfinderisch waren. Sie mußte ihn dreißigmal schreiben, welches Maß sich das Fräulein aus dem Verhältnis zwischen Schuld und Sühne haarscharf errechnet hatte. Er lautete: »Ich soll, wenn ich wegen Unart bestraft werde, besonders wenn es sich um Händewaschen handelt, soll ich kein mukches Gesicht machen und so tun als geschieht mir Unrecht.«

Diese Strafarbeit durfte, was eine Vergünstigung war, auf drei Tage verteilt werden; die Delinquentin mußte den Satz also jeden Tag zehnmal schreiben. Es ist wahr, daß der kleine Löwe damals noch gar nicht schreiben konnte, aber für diese scheinbare Unstimmigkeit kann ich nicht. Wahr ist, daß alles sich so zutrug, wie es sich meinem Gedächtnis einverleibt hat. Und so sehr alles im Leben auch trügt, mein Gedächtnis trügt nicht.

Was meine Kasse anging, so befand ich mich in einer verhältnismäßig günstigen Lage. Tante Marie aus der Johnsallee, wegen ihrer quäksigen Stimme auch »Mä« genannt, hatte mir trotz ihres erstaunlichen Geizes eine Mark geschenkt, in einer überschwenglichen Aufwallung, weil ich auf ihrem Gartenweg ihren Handschuh gefunden hatte, und von früheren geschäftlichen Transaktionen her besaß ich noch weitere acht Groschen, die ich gehamstert hatte. Nicht daß ich so namhafte Beträge zu meiner Unternehmung brauchte, aber besser war besser.

Ungünstig war hingegen, daß ich mir das Knie aufgeschlagen hatte. Die Wunde war über eine noch nicht ganz zugeheilte Narbe zu liegen gekommen, die ihrerseits auf einer noch älteren Narbe saß. Die Knieverletzungen waren ein sich ständig wiederholendes Vorkommnis, das Leben in Gefahren geht nicht ohne Wunden ab. Der häusliche Sanitätsdienst bestand aus Heftpflastern, die ich haßte, weil sie die Heilung verhinderten, auch bei jedem Beugen des Knies wieder absprangen und mit ihrer klebrigen Beschaffenheit unappetitlich waren.

Aber ehe ich mich's versah, befand ich mich dann doch auf dem weiten Ozean, dem Weltmeer, dem unermeßlichen, das zwischen uns und den Eilanden lag, und hatte das angstvolle Erlebnis mit den Löwen.

Es tauchte am Horizont ein Gestade auf, ein langer Küstenstreifen weißen Sandes, auf den die unermüdlichen Wellen des Seeganges in flachen Zungen aufliefen und sich zu Schaum lösten. Ich mutmaßte schon, daß dies Matupi sei, aber Freund Gikikei ließ mir sagen – weit weg war er, aber seine Botschaft drang zu mir –, daß dies noch lange nicht Matupi sei, und meine Seekarten bestätigten es auch.

Da gab ich Befehl, den Bug des Schiffes dem Strand zuzuwenden, denn ich wußte nun, daß dies eines der Eilande sein mußte, die auf dem Weg nach Matupi verstreut umherlagen wie Geröll auf einem Bergpfad, und es gelüstete mich, hier zu rasten. Alsbald schwebte das Schiff mit geblähten Riesensegeln auf den Strand zu, und als schon der Sand unter dem Kiel knirschte, befahl ich Halt und gewahrte Löwen, die drüben aus dem Dickicht hervortraten. Denn hinter dem Sandstreifen erhob sich der dunkelgrüne Saum des Dschungels, und aus ihm brachen nacheinander in langen, schlanken Sprüngen die gelbäugigen Riesenkatzen hervor, eine Herde, hielten beim Anblick des Meeres und meines Schiffes im Sprung inne und sahen mit furchtbaren Blicken zu mir her.

Das war große Gefahr, der nur mit äußerster Kaltblütigkeit zu begegnen war. Ich mußte an ein Bild denken, das ich einmal gesehen hatte, darauf war zu sehen, wie ein kleiner Junge zur Strafe dafür, daß er eine Zigarre geraucht hatte, von einem Löwen aufgefressen wurde. Der Löwe hatte an den Beinen angefangen und den Jungen so hinuntergefressen, wie man ein Marzipanbrot aufißt, und der Augenblick auf dem Bild war der, wo es den Jungen nur noch halb gab. Sein Kindergesicht sah recht erschrocken drein, der Mund war zu einem kreisrunden O-Laut aufgesperrt.

Die Löwen traten nacheinander bis dicht ans Wasser und starrten mich drohend an, wüstenköniglich anzusehen. Ich wußte, daß Löwen nicht schwimmen können, sich nicht einmal ins Wasser trauen. Auch unser Hauskater hatte das Wasser in störrischer Abneigung gescheut. Er hatte, ich weiß nicht mehr warum, Minna Korleis geheißen. Nein, Löwen schwimmen nicht.

Aber dann sah ich, wie der erste Löwe ins Wasser schritt, ohne im geringsten zu zögern, und jetzt schlug auch ihrer aller rasselndes Gebrüll an mein Ohr. Und alle gingen ins Wasser, in die Brandung, auf dem flachen Strand immer tiefer in die Flut, bis sie keinen Grund mehr hatten, und da begannen sie zu schwimmen. Ihre gewaltigen bemähnten Häupter hielten sie über den Wellen und sahen mit gelben drohenden Blicken zu mir her, doch ihr Gebrüll erscholl nun nicht mehr, es war schreckliche Stille, die Gefahr nahm Gestalt an. Ich wußte, wie es sein würde, wenn sie am Schiff anlangten und an der Bordwand hochkletterten wie Katzen am Baumstamm und sich mit federndem, lautlosem Sprung auf meine Kehle stürzten, daß ich in wenigen schmerzvollen Sekunden wie jener Knabe sein würde, den es unter dem Rachen des Löwen nur noch halb gab, weil er eine Zigarre geraucht hatte.

Da war ich klug, wich dem Kampf aus, gab mit herrischer Gebärde Befehl: Gewendet mit vollen Segeln und im Sturmgebraus davon, schnell wie eine Möwe, denn die Löwen schwammen so schnell wie die Möwe fliegt. Am Schlusse gar, der Strand war schon fast außer Sicht, aber die Löwen noch nah, ließ ich regnen, ließ Sündfluten strömen auf sie, Strahlen dick und schwer wie Wasserfälle, daß sie darin untergehen sollten, die so böse waren, dem Wasser zu trotzen, um mich zu fressen. Und entkam mit knapper, elender Not um Haaresbreite den Löwen.

Weiter ging die sehnsüchtige verwegene Jagd, die Fahrt eines schweifenden hochedlen Ritters, die Fahrt zu so erhabenem Ziel, daß es weit in blauer Traumferne verschwamm. Am Horizont hinter Horizonten lockte Matupi, die Schatzkammer, und nach der Krone dieses Kaiserreiches zu greifen, war ich gesandt. Was aber noch reckte sich dahinter? Reiche auf Reiche dehnten sich bis ans Ende der Welt, mit türmegeschmückten Burgen und Schlössern bestanden.

In welcher Ferne war das, sieben und noch viel mehr Jahre weit weg! Was alles mußte durchfahren, durchstritten werden! Riesenkraft war in mir. Hatte ich nicht Olschmadam ein Bein gestellt, der gespenstischen wuchtigen Riesin, daß sie krachend zu Boden stürzte mit markerschütterndem Geheul? Hatte ich es nicht an Kraft der Lenden, an Leichtfüßigkeit und Weite des Sprunges mit den Schnellzügen aufgenommen, daß die Leute aus den Fenstern sahen und staunend die Hände rangen vor Bewunderung? Waren nicht vor meinen Streichen Heere von Teufeln und Gespenstern, in Brennesseln gekleidet, in Staub gesunken, hatten die Zähne gefletscht in ohnmächtiger Wut? Es kam mir Kunde, daß die ersehnte Insel, das Ziel meiner heldischen Fahrt, im Meere versinke. Wachtmeister Schröder war es von der Mittelwegwache, der schmerbäuchig und bestürzt über die Bordwand kletterte und salutierend in strammer Haltung Meldung und Warnung erstattete: Matupi ist unterwühlt. Wollen Exzellenz geruhen, es nicht zu betreten.

Ich aber gab gemessenen Befehl, zu landen. Denn es tauchte nun lichtübergossen vor uns auf, und wir hielten darauf zu. Einige meiner Matrosen fielen mir zu Füßen. Flehten, das Ungeheuerliche möge nicht geschehen. Baten um Gnade. Eine Insel, groß wie die ganze Stadt Hamburg versinkt im Meer. Wollen Exzellenz geruhen, den Fuß nicht darauf zu setzen. Ein schrecklicher Untergang stand allen bevor, die dies wagten. Es waren auch welche aus dem Haus am Mittelweg dabei, die so flehten. Exzellenz möge Vorsicht walten lassen. Köchin Alwine, die sich erschossen und in ihrer besten Bluse quer überm Bett gelegen hatte, hob beschwörend den Zeigefinger und wedelte ihn verneinend hin und her. Onkel Max, der Südsee-Pionier, putzte umständlich seine sehr komplizierten Kneifergläser, Tränen liefen ihm vor Kummer in Bächen über die Backen.

Ich gab mit barscher Stimme Befehl, auf das Eiland zu halten und zu landen.

Aber ringsum versanken Inseln im Meer. Da war eine, die aussah wie der große Affenfelsen in Hagenbecks Tierpark, er brach von der Spitze abwärts auseinander, neigte sich bedächtig und fiel kopfüber in tiefem Schweigen hinab, und schaumig spritzte der Gischt hoch gegen den Himmel. Was übrig blieb, ein zerklüfteter Brocken voller Bruchstellen rissigen Urgesteins, sackte langsamer weg. Auf schäumte das Weltmeer und fraß seine Beute.

Da wiederholte ich meinen Befehl, auf Matupi zu landen, und die hochgeblähten Segel, braune Seeräubersegel, hielten darauf zu. Der schneeweiße Strand, vom Schaum der Brandung umsäumt, leuchtete aus der Bläue. Palmen bogen ihre schlanken, schwanken Stämme im Wind, bogen sich immer tiefer, immer noch tiefer, als hätten sie keinen Halt mehr. Ich stand vorm Bug, einen goldenen Helm auf dem Kopf. Mein Herz brauste.

Die Insel aber, das Eiland Matupi, es sank behender. Wie meine Segel sich auch brüsteten und im Seewind knatterten und wie pfeilgeschwind auch die Sturmvögel vor uns her schossen mit ihren schrillen Schreien, indem wir auf das Gestade zu jagten, als sei es ein Wild, wir holten es nicht ein.

Denn da nun die Insel der Jagd müde geworden war, ließ sie sich fallen. Von weitem sah ich, wie sie tauchte und hinabsank, tiefer und tiefer; das Wasser war glasklar, die Insel schaukelte im Versinken hin und her wie ein Stück Seife in der Badewanne und wurde schaukelnd immer kleiner, so müssen die Stücke des Nibelungenschatzes schaukelnd hinabgesunken sein in den Rhein, unermeßlich war die Tiefe, die ihr Ziel war, und immer noch war sie als ein heller Fleck überm grünen Grund noch zu sehen, und immer noch sank sie tiefer, war ein Teller von Gold, matt und bleich. Zuletzt ruhte sie auf dem Boden des Meeres, unausdenkbar tief, ein weißlicher fahler Stern, eine Muschel im Schimmer des Unwiederbringlichen.

»Wahr ist auf jeden Fall, daß wir es bei Martin Beheim-Schwarzbach mit einem Mann zu tun haben, der Romane schrieb, Novellen, Gedichte, der die biblischen Geschichten nacherzählte, über den Volkswagen sinnierte, ganz großartig über das Schachspielen schrieb, Essays verfertigte und aus dem Englischen übersetzte, etwa Margaret Mitchells ›Vom Winde verweht‹ oder die Werke von D. H. Lawrence. ... Genießen kann Martin Beheim-Schwarzbach die Aussicht, daß nun doch sein Gesamtwerk erscheinen wird: Thorbecke hat damit begonnen.«

Börsenblatt für den deutschen Buchhandel
(zum 85. Geburtstag Martin Beheim-Schwarzbachs)